知的障害・発達障害における「行為」の心理学

ソヴィエト心理学の視座と特別支援教育

〈編著〉

國分 充・平田正吾

奥住秀之・葉石光一・大井雄平・池田吉史
北島善夫・増田貴人・渋谷郁子・田中敦士

福村出版

はじめに

國分　充

　筆者は，知的障害を有する人の運動能力たるバランスの問題をテーマとして研究を始めたが，運動能力を問題にするとしても，行為としてまとまった運動行動を成立させる条件を見，その中で運動能力を取り上げる必要があると考えてきた。本書で扱っているテーマは運動ばかりではないが，本書は，こうした編者の考え方を汲んでくれる方々からご寄稿いただき，編むものである。本書のタイトルとも関係するので，このことにまつわって考えてきたことなどを記して，冒頭の文章とさせていただきたい。

　さて，先に記したような考え方は，運動能力検査と言われているものを見れば，自然に思い至る考え方だと思う。運動能力検査は，基本的に，言語教示（あるいは示範）によって，なすべき運動が示され（目的が示され），それに沿って懸命の努力（これも言語教示に含まれる）による運動がなされる中で，つまり，合目的的な行為として実現されるものの中に“運動能力”を見るというつくりになっている。しかし，知的障害のある人では言語面など教示の理解に問題を有することもあり，そうした場合には，こうした運動能力検査で測られたものは，“運動能力”なのか，言語教示の理解なのか，にわかには判別できない。つまり，運動能力検査で測られているものだから，運動能力だと簡単に言うことはできず，まずは，目的を有する行動として，すなわち，行為としてどう実現されているのかを問題とする必要がある。

　行為には目的があり，その目的に沿って行為のプランが立てられ（プランニング），実行に移されるが，実行中は行為がプランから逸れないよう常にコントロールされねばならない。こうした行為のあり方を把握する際には，ルリヤの言語の行動調整という考え方が有用であると思う。ルリヤの行動調整につい

ては改めて言うまでもないと思うが，ルリヤは，行動調整を言語にかかわるものとして，また，言語の側の働きとして語った（"言語の行動調整機能"）。しかし，人の側に，"内的"に，それに応じるものがなければ，そもそも言語はそうした機能を果たせないだろうから，人の側に，そうしたものを能力として措定する（行動調整"能力"）のは，それほどおかしなこととは思われない。また，ルリヤは言語にかかわってしか行動調整を語らないのであるが（言語の機能として言っているので当たり前のことなのであるが），これを，人の内的能力として，言語だけでなく，それ以外の心理的事象にも応じるものと広げることも，またそれほどおかしなこととは思われない。このように行動調整概念を拡張するならば，それは，上で述べた行為のあり方の中のプランニングとコントロールを包含する概念となる。このプランニングとコントロールは，行為成立には必須の能力であるが，運動能力にとっては外的である。

　先に述べた，行為としてどう実現されているのかを問題とするというのは，こうした行動調整能力と相関させて，これを押さえた上で（というのは，上に記したようにプランニングとコントロールは運動能力外的要因なので），問題となっている運動能力のあり方を見ていくというような態度のことで，こうした手続きが，障害を有する人を対象とした場合に必要だということである。これは，運動能力にかぎらず，言語教示に基づいて行われる行動全般に適用されることで，広く一般的な意義を有していると思われる。このことは，前に記したことがあるが，あまり理解されているようには思われない。上で，原稿を寄せていただいた方々は，行為に関する編者の考えを汲んでくれた方々であると述べたが，障害を有する人を対象とする場合には，広く包括的にいうなら，丁寧な現象の把握・理解が必要だという認識を共有している方々と言っていいかもしれない。

　また，こうした概念の拡張を行うと，行動調整は，近年言われるようになった実行機能というものに似てくると思う。実行機能のことは，不勉強のため十分知らないのであるが，ルリヤがその概念の先駆者の一人とされていると言う。今まで記してきたような理解からするともっともだと思う。また，上に記したような行動調整に関するルリヤ本来の用語法は，人にとって外的なものである言語の方に，人の行動を調整する機能があるということで，これは，人の内的能力を外との関係で見ることを強調している点で，発達の最近接領域や，同じ

ことではあるが，精神間機能から精神内機能へという能力発達に関する考え方と同じ水脈に属する。また，アフォーダンス概念などともつながるところがあると思う。このように，ルリヤの行動調整概念は，行為実現にかかわる条件として注目する必要があるだけでなく，一方では，障害を有する人，さらには人の行為全般の理解にかかわる心理学的知見を広げるような意義も有しており，この点についても以前記したことがあるが，実に豊饒な概念，見方，考え方だと思う。

　最後に，個人的なことを記させていただくことをお許し願いたい。本書の出版は，私の大学教員としての退職を記念する意味も有していると聞く。原稿を寄せてくれたのは，若いときから共に研究を進めてきた仲間（北島善夫，奥住秀之，葉石光一，田中敦士），共通の問題意識から日本特殊教育学会で自主シンポを重ねてきた方々（増田貴人，渋谷郁子），教え子筋に当たる諸君（平田正吾，池田吉史，大井雄平）である。これまでの来し方を思うに，師・松野豊東北大学名誉教授にルリヤの神経心理学およびソヴィエトの心理学をお示しいただかなかったら，非才のこの身，ここまで学者としてもたなかったのではないかと思う。他の心理学を学んだとすると時代遅れになっていたと思う。今，不勉強な身でありながら，それなりの格好を保っていられるのは，先生のおかげである。まさしく学恩，学恩とはこういうものかと思う。先生の先見の明，時代から20年も30年も進んだその慧眼にはただただ恐れ入るのみである。その幾分かを本来，後進に対して返すべきなのではあるが，そこではまた，後進の聡明さに救われている。原稿を寄せてくれたみなさんに御礼申し上げます。また，企画と出版社との交渉にあたってくれた平田君に感謝いたします。

付記
　本稿で記したことの一部は下記の文献にて論じたことのあるものである。
国分充（2005）．小特集「障害児・者の運動行為へのアプローチ」の企画にあたって．発達障害研究，*27*，1-3.
国分充（2009）．ヴィゴツキーと知的障害研究．障害者問題研究，*37*，127-134.

知的障害・発達障害における「行為」の心理学

ソヴィエト心理学の視座と特別支援教育

*

目次

Ⅱ
発達障害と不器用

I

知的障害における行為

第1章

ヴィゴツキー・ルリヤの基本的な考え方

高次心理機能の神経心理学的理解

平田正吾・國分　充

第1節　はじめに

　ヴィゴツキー（Vygotsky, L. S.）は，白ロシア（ベラルーシ）のゴメリで 1896 年に生まれ，ロシア革命後のソヴィエト社会主義共和国連邦（ソ連）で活動した心理学者である。ヴィゴツキーが取り組んだ仕事は多岐にわたるが，スターリン体制下での活動への制限や，彼自身が 1934 年に早逝したこともあり，その業績はかつてソ連国外では広くは知られていなかった。しかしながら，1960 年代頃からヴィゴツキーの論文や著作が，英語や日本語によって紹介されることにより，彼の理論は英語圏や我が国でも注目を集めるようになった。現在でも，国内外の標準的な発達心理学の教科書を開くならば，「発達の最近接領域」や「内言」という主要な概念とともに，ヴィゴツキーの理論が，彼と生まれた年を同じくするピアジェ（Piaget, J.）の理論と時には対比させつつ紹介されている。

　一般的には，ヴィゴツキーの理論は，人間の社会や文化がいかに心理機能やその発達に影響を与えているかという点についてのものと理解されている。社会的環境や文化が心理機能やその発達に影響を及ぼすことを，完全に否定する者は少ないであろう。しかしながら，たとえば自閉症スペクトラム障害（autism spectrum disorder：ASD）や注意欠如多動性障害（attention deficit hyperactivity disorder：ADHD）などのいわゆる発達障害の特徴を，脳科学や認知心理学を使って解き明かすという潮流が勢いをもつ我が国において（筆者の一人もこのような流れの中に身をおいてきた者である），こうしたヴィゴツキーの理論に障害理解に関して有用性があると本心から考える者は，どの程度いるであろうか。

　知的障害や ASD，ADHD，限局性学習障害（specific learning disorder：SLD）などの広義の発達障害において中枢神経系，より具体的には脳の機能不全が認められることは，おそらく確かであろう。しかしながら，各障害における特定の認知機能の問題やそれに対応する神経基盤を指摘することに終始することのみが，必ずしも障害理解として十分であるとは思われない。ヴィゴツキー理論の哲学的主柱であるマルクスの有名な箴言を引くまでもなく（「哲学者たちは世界をただざまざまに解釈してきただけである。しかし肝腎なのはそれを変えることである」（マルクス，1845/1983）），重要なことはいかにして現在の状態を示すに至ったかを理解し，またそれをどのように変化させていくかという点にある。ヴィゴツキーの理論では，心理発達を生得的なものが単に自然と成熟していく過程として捉えるのではなく（彼はこれを発達の「植物学的モデル」として批判した（ヴィゴツキー，1930/2002: 168）），歴史的や社会的に形成されてきた環境や文化に参加し，そこで使用されている「道具」を自らのものへと内化させていく過程として捉える。これは換言するならば，一見すると自然と成熟したかのような複雑な心理機能（たとえば近年，注目されている実行機能など）も，遡るならばかつては周囲の環境や他者との関係においてなされていたものであったと考えるということである。

　こうした考え方は，障害のある者における特定の機能の問題を，その内的な特性として個人内に閉じ込めるのではなく，個人と周囲の環境や人物との関係から生じてきたものとして捉える，いわば脱孤立的な能力観を提起する。能力の問題が個人内に固定された静的なものでないならば，それではどのような環境を提供し，新たな能力を形成させるかという実践的な価値をもつ問いが自ずと提起される。ヴィゴツキー理論のこのような特色は，教科書の片隅にいわば一種の「お作法」としてその概略が記載されるのみには留まらない，重要な価値をもつものである。本章の目的は，こうしたヴィゴツキーの理論に関して，それをより具体的に発展させたとも言えるヴィゴツキーの共同研究者であった

ルリヤの仕事を見ていくことから，その基礎的事柄を把握することである。

　ルリヤ（Luria, A. R.）はカザンで1902年に生まれ，ヴィゴツキーと共に，そしてその死後もソ連で活動した心理学者である。今回，このルリヤを取り上げる理由は，彼が先述したようにヴィゴツキーの理論を様々な実験を行うことで，より具体的なものにしたとともに，ヴィゴツキーの理論の影響のもと脳と心の関係についての新たな枠組みを提起し，神経心理学の祖の一人とされているからである。ルリヤの仕事の一側面は，脳と社会文化的なものの関係をめぐるものであり，これは生物学的な基盤がまず想定される障害児の特徴を考える上で，当然重要である。

第2節　ルリヤの神経心理学の基本的枠組み

　　高次心理機能の起源は社会的であり，その構造はシステム的であり，その発達は力動的である。
　　　　　　　　　　　　　　　　　　　　　　　　　　　　（ルリヤ，1970a/1976: 74）

　これはルリヤの神経心理学の要約とも言えるものである。以下より，この一文で挙げられている起源，構造，発達の3点に関して，これらは互いに関連し合うものではあるが，それぞれが意味するところを適宜，現代の知見と併せつつ見ていく。なお，ここで挙げられている高次心理機能とは，現在で言うところの広義の高次脳機能障害（失語，失行，失認，注意，記憶，実行機能）と対応するものと思われるが，ルリヤの記述によると「能動的な注意，随意的記銘，抽象的思考，意思による行動調節」（ルリヤ，1970a/1976: 61）といったものであり，より要素的な感覚や反射的動作とは区別されるものである。

■１ 「起源」に関して

　ルリヤによるとヴィゴツキーは，「道具や記号の使用を人間の高次心理機能構築の出発点と見る傾向にあり，自分の研究も『道具的』心理学と名付けた」（ルリヤ，1970a/1976: 65）。そして子どもの発達を，文化的に蓄積された道具や記号の網の中にはじめから組み込まれ，その影響のもと，はじめは外的に自らが制御されつつも，そこから徐々にその道具を自らのものとして，自己の行

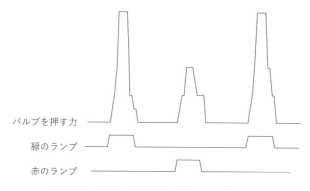

「緑のランプが点いたら押し、赤のランプでは押さないでください」
※赤のランプでも間違って押している

図 1-1　バルブ押し課題

動を調整するために用いるようになる過程として捉えた（こうした考えを，より現代的に発展させたものとして，トマセロ（1999/2006）の二重継承仮説が挙げられる）。こうしたヴィゴツキーの理論の影響のもと，ルリヤは社会歴史的な起源をもち，他者への情報伝達の手段である言語が，自らの行動を調整する手段でもあることを強調した。ルリヤのよく知られたバルブ押し課題による実験は，ルールに基づく行動制御の発達を取り上げ，これらの点を具体的に示したものであり，現在で言うところの実行機能研究の端緒の一つとして位置づけられる（図 1-1）。

　バルブ押し課題とは，先行教示に基づき，ゴム球を握ることが求められるものであり，握っている際の力が記録される。先行教示としては，たとえば「眼前のランプが点いたら，ゴム球を握りなさい」「緑のランプが点いたらゴム球を握り，赤のランプが点いたら握ってはいけません」といったものが挙げられる。ルリヤはこの課題を，1歳半の児から前頭葉障害のある者まで幅広く実施した。国分（1997）や内田（2006）によるとルリヤの小児に対する研究結果は，言語を発するのは誰か（大人か自分か）と，言語のいかなる側面（インパルス的側面か意味的側面か）が行動を調整するのかという2側面から整理される。

　まず1歳半から2歳の子どもにおいては，大人の外的な言語は行動を解発させる音刺激（インパルス）としての機能しかなく，外的な言語によっては行動を抑制することができない（たとえば，「押すな」という大人の声かけに対しても，

ゴム球を握ってしまう。参考までに，年齢をルリヤ（1957/1969）にしたがい示す）。すなわち，この段階において言語の意味的側面は，行動制御に十分な役割を果たしていない。また，「ランプが点いたら『ひとつ』と言いながら握ってください」と教示した場合には，はじめ子どもはそもそも発話しながらゴム球を握ることができない（2歳から2歳半）。その後，子どもは「ひとつ」と自ら言いながらゴム球を握ることはできるようになり，無言で行うよりも正しく課題を遂行することができるようになる。しかしながら，この段階でたとえば「赤のランプが点いたら『押せ！』と言いながら握ってください。また，緑のランプが点いたら『押すな！』と言いながら握らないでください」と教示した場合には，「押すな！」と自ら言いながらもゴム球を握ってしまう（3歳から4歳）。この段階において，子どもは自らの行動を自らの外的な発話（外言）で少なからず制御できるようになっているのではあるが，その意味的な側面にしたがって自らの行動を制御することはできていない。その後，外言の意味的な側面にしたがい行動が制御されるようになると，もはや発話を伴わせる必要もなくなる。しかしながら，これは言語が行動制御に必要でなくなったということを意味しているのではなく，外言が内化したことにより，子どもは自らの内的な言語行為すなわち内言にしたがい，自らの行動が制御できるようになったと考えられる（6歳頃）。ルリヤは，こうした内言に基づく行動制御の調整メカニズムこそが，「人間活動の最も複雑な意志的形態の基礎」（ルリヤ，1970b/1976: 145）となるとしている。

　このようにルリヤは行動制御の発達を，大人の声かけによって他律的に制御される段階から，自らへの内的な声かけによって自律的に制御される段階へと漸近的に変化していくものとした。これはヴィゴツキーの基本的考え方である「はじめ大人と子どもの間で分かち合われていた機能（精神間機能）」が，しだいに「子ども一人のもの（精神内機能）」になっていくプロセスを，具体的に示したものと言える。「高次心理機能の起源は社会的である」との言葉は，こうした発達した個人の内的機能を，大人との言語を介した交流が内化したものとして考えるヴィゴツキー・ルリヤの基本的な考え方を示したものである。

　近年，こうした内言が行動制御に果たす役割は，ワーキングメモリにおける音韻ループの行動制御への関与という形で，再び注目を集めつつある。音韻

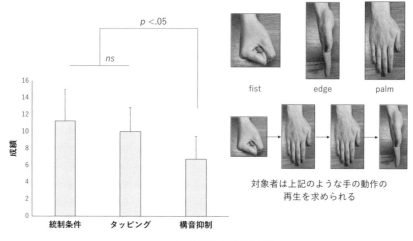

fist edge palm

対象者は上記のような手の動作の
再生を求められる

図1-2　LHTとその結果

ループは，バッドリー（Baddeley, A.）の複数成分モデルにおいて，発話ベース
の音響的な情報を短期的に保持するものとされている。この音韻ループを構成
する構音リハーサル過程を，「オフラインの発話計画プロセス」と捉えるなら
ば，これは「内言」に限りなく近づくこととなる（Alderson-Day & Fernyhough,
2015. 第5章も参照のこと）。そもそもワーキングメモリは，「複雑な課題を遂行
する際に情報を一時的に維持し，操作するための記憶システム」として定義さ
れ（Baddeley, 2009），その機能は入力された情報を単純に保持することではなく，
情報を能動的に処理し，複雑な認知活動を支えるもの（三宅, 2000）と考えら
れている。したがって，音韻ループが行動制御に関与すると考えることはきわ
めて自然だとも言える。たとえば，Mitsuhashi, Hirata, & Okuzumi（2018a）は，
ルリヤのよく知られた Luria hand test（以下，LHT）を用いて，音韻ループが
行動制御に関与していることを明らかにしている（図1-2）。

　LHT とは，実験者が呈示した刺激系列を，同じ順序で再生するよう求めら
れるもので，"fist-edge-palm" の3種類の手の動作が刺激として用いられる。
LHT は，いわゆる前頭葉損傷を検出するものとして開発され，前頭葉損傷者

注1　ただし，こうしたワーキングメモリモデルで想定される「内言」は，ヴィゴツキーやルリヤが
言うところの内言よりも，その含意や機能が限定されていることに注意する必要がある。

は運動麻痺がないにもかかわらず，動作を円滑に変換できず（運動メロディーを正しく形成できず），惰性的に同じ動作を繰り返したりすることが知られていた（Christensen, 1979）。LHT は，ルリヤの理論に基づいた小児用の認知アセスメントである KABC-2 にも含まれており，非言語的な短期記憶課題とされてきた。Mitsuhashi et al.（2018a）は，二重課題法を用いて LHT の成績に音韻ループが関与しているのかを検討した。二重課題法とは，主課題（この場合は LHT）と同時に別の課題を行わせ，主課題を単独で行っている場合（統制条件）と成績を比較することにより，主課題がどのような性質をもっているのかを検討するものである。この研究では別課題として，主課題とは無関係の言葉を復唱させることで音韻ループに負荷をかける構音抑制と，主課題を行いながらタッピング運動を行う空間抑制の 2 種類を設けた。空間抑制は，構音抑制で主課題の成績低下が認められた場合に，それが二重課題による注意分割の影響によるものではないのかを検討するために実施された。

　定型発達の成人を対象とした測定の結果，LHT の成績は構音抑制下でのみ統制条件よりも有意に低下していた。同様の結果は，LHT 以外にも認知シフティングや認知プランニングに関して報告されている（Emerson & Miyake, 2003；Holland & Low, 2010）。これらの結果により音韻ループは，行動制御や認知制御に関して，内的な言語的手がかり，すなわち内言を関与させているものと考えられる。Mitsuhashi et al.（2018a）において注目すべきは，LHT で刺激として呈示している手の動作に対して，事前に対象者に命名を行わせていないという点である。それにもかかわらず，構音抑制によって LHT の成績が低下したのは，対象者が刺激呈示の際に自発的に内的な命名（たとえば，「グー・チョキ・パー」というような慣習的な名称を使用したラベリング）を刺激に対して行った可能性を示唆している。これは後の「発達」のところで述べるが，発達的に後から獲得された内言が，心理活動において支配的となるという心理システムの動的な特徴を示したものであるかもしれない。

　内言と心理機能の関連に関して，ASD においては内言が十分に使用されていない可能性が指摘されている。ASD は，社会性やコミュニケーション，イマジネーションの障害によって特徴づけられる発達障害であるが，ASD においては先にも取り上げたような二重課題法による測定を行っても，構音抑制下

で定型発達者とは異なり様々な主課題の成績低下が生じないことが報告されている。さらに，構音抑制による主課題の成績低下の程度は，社会性障害が重篤な者ほど軽くなることも報告されている。実際に，Mitsuhashi, Hirata, & Okuzumi（2018b）も重篤な知的障害のない ASD 児に対して，先と同様の手続きで二重課題法による LHT の測定を行ったところ，社会性障害が重篤な児ほど構音抑制下での成績低下の程度が低いことを明らかにしている。Williams, Bowler, & Jarrold（2012）は，ASD のような他者との社会的交流に困難を示す障害においては，先にも述べたような言語の内化（ヴィゴツキーが言うところの精神間機能から精神内機能への移行）に制約が生じるがゆえに，こうした結果が生じるのではないかとしている。このような Williams らの解釈は大変興味深いものであるが，同様の研究は未だ少なく，さらなる知見の積み重ねが必要であると言える。

▋2 「構造」に関して

ルリヤの高次心理機能の構造に関わる理論は，当時の神経心理学における局在論および全体論批判として，まず捉えられる。1860 ～ 1870 年代にかけて，いわゆるブローカ失語やウェルニッケ失語が報告され，それらの障害から脳には「運動性言語中枢」や「感覚性言語中枢」が局在すると想定された。言語というきわめて複雑な機能が，「大脳皮質の限局した領域に局在化されうる事実の発見は，神経科学に未曾有の活気」（ルリヤ，1973/1999: 63）を生じさせ，その後「概念中枢」「書字中枢」「計算中枢」「見当識の中枢」を発見させるに至った。しかしながら，こうした「狭い局在論」は，これらの高次心理機能の障害が様々な脳の局部損傷において現れるという事実などを，うまく説明できなかった。また，狭い局在論に対する批判者として現れたゴルドシュタイン（Goldstein, K.）のような全体論者も，脳を分けられない全体として捉えることにより，複雑な心理機能の物理的基盤を探索する道を閉ざしてしまった。ルリヤの理論は，それまでのロシア生理学の伝統を受け継ぎつつ，こうした高次心理機能の局在に関わる困難を解決するものである（鹿島，1987）。

ルリヤの「構造」に関わる議論で重要なのは，「機能系」の概念である。機能系とは，パブロフ（Pavlov, I. P.）の高弟であったアノーヒン（Anokhin, P. K.）

によって提唱されたものであり，彼によると「高次の精神神経機能は多くの構成環を含む求心性機構と遠心性機構のセットからなる複雑な機能系」(鹿島，1987) として考えられる。すなわち，様々な高次心理機能は，多数の構成要素から成るそれぞれ異なるシステムによって実現されているとされる。高次心理機能が，共通の構成要素を少なからず含むこうしたシステムに基づくものであるならば，脳障害による特定の構成要素の脱落は，その構成要素をシステムに含んでいた様々な高次心理機能にそれぞれ必然的に影響を及ぼす。また，高次心理機能が脳における各構成要素の協調的な働きによるものであるならば，脳の様々な場所の障害により，ある高次心理機能に何らかの障害が生じるものと考えられる。したがって，ルリヤによると，神経心理学者の仕事とは「複雑な精神活動はその構成要素にいかなる因子を含んでいるのか，そして脳のいかなる領域がそれらの神経基盤を形成しているのか解明」(ルリヤ，1973/1999: 79) することとなる。

　ルリヤのこうした考え方は，障害児の状態理解に関して現在でも重要な示唆を与えていると思われる。たとえば，「実行機能」や「ワーキングメモリ」の問題は，ADHD や ASD，SLD や知的障害，脳性麻痺まで様々な障害で指摘されているが，これは実行機能やワーキングメモリがどのような機能系から成るものであるかの吟味をせずに（そもそも実行機能とワーキングメモリの関係も未だ明らかであるとは言えない），きわめて大雑把に現象を記述しているだけのように思われる。また，実行機能やワーキングメモリには，前頭前野が重要な役割を果たしているとされているが，ルリヤ晩年期の弟子であるゴールドバーグ (Goldberg, E.) は「前頭葉の損傷は，脳全体に広く波及効果を及ぼす。と同時に，脳のどこかが損傷すると，前頭葉の機能を妨げる」と述べており（ゴールドバーグ，2001/2007: 142. これの意味するところの説明は，もはや不要であろう），実行機能やワーキングメモリの問題が特定の脳障害の存在を即座に意味するとも思われない。同様の指摘は，障害児における運動の不器用さに関しても当てはまる。

　現在，脳性麻痺や筋ジストロフィーなどの明らかな運動障害がないにもかかわらず，運動が稚拙である状態を発達性協調運動障害（developmental coordination disorder：DCD）とし，ASD や ADHD などに少なからず併存しているとされている。ある児が DCD を有しているかどうかは，国際的に使用されてい

る運動アセスメントの低得点がその基準の一つであるが，同じ得点であっても
その運動遂行の様相や得点の規定要因が同一であるとは当然限らない。ここで
求められるのは，運動アセスメントの低成績だけでなく，児がどのような要
因からそうした状態を示しているかを目的とした緻密な分析であろう（これら
の点については本書第Ⅱ部を参照されたい）。「重要なのは運動や行為の障害を確認
すること自体ではなく，様々な脳領域の病変に際して生じる運動や行為の崩壊
の特徴の注意深い研究なのである」（ルリヤ，1973/1999: 267）。これは運動アセ
スメントに限らず，すべてのアセスメントに当てはまることではないだろうか。
障害児が示す状態像の緻密な評価と，その神経基盤の探索の重要性は，ルリヤ
の理論から得られる現代的価値の一つである。

　ルリヤの構造に関わる理論で，機能系に続いて重要なのは，「皮質外」構成
の原則である。これは先にも触れたようにヴィゴツキーが自らの心理学を「道
具的」としたことと不可分である。ヴィゴツキーやルリヤによると，人間の
高次心理機能は様々な外的手段を媒介として成立している。「忘れないように」
とハンカチにつくられた結び目や文字の組み合わせといった物やサイン，シン
ボル，言語は，脳における様々な構成環を媒介するものであり，これによって
複雑な心理機能を担う機能系が構成される（ルリヤ，1973/1999: 71）。ヴィゴツ
キーは，これを皮質外構成の原則と呼んだ。すでに見たバルブ押し課題におけ
る遂行様相の発達変化も，言語という媒介のもと随意的な行動制御のための機
能系が形成されるプロセスとして捉えられる。

　こうした言語に代表される外的な道具の媒介によって，高次心理機能を可能
とする機能系が成立するという考え方は，後に述べる認知リハビリテーション
や「心の道具」と呼ばれるものへと発展することとなる。また，このような考
え方は，たとえば実行機能のような複雑な機能の発達や障害に関して，それを
道具に媒介された心理機能として形成されつつあるものとして捉えるのか，そ
れともそうした媒介的な性質を未だ獲得していない，より初期のものとして
捉えるのかという新たな評価の枠組みを迫ることともなり（Bodrova, Leong, &
Akhutina, 2011；前川，2017），その重要性は明らかである。なお，言語を社会文
化的に形成された外的な道具とみなすことは，ヴィゴツキー・ルリヤの基本
的な考え方であり（「生体の外にある記号は，個人から切り離された道具と同様に，本

質的に社会的な道具，あるいは社会的な手段である」（ヴィゴツキー，1930?/2002: 45）），ルリヤはチョムスキー（Chomsky, A. N.）の初期の生成文法理論をその晩年期に批判的に取り上げている（ルリヤ，1979/1982）。しかしながら，この点についての論評は筆者らに扱えるものではないので，ここではこれ以上取り上げない。

　さて，高次心理機能が外的な道具の媒介のもとにいくつかの構成要素から成る機能系によって実現されているならば，脳障害によってある特定の構成要素が脱落した際には，それを代替する新たな構成要素や外的な道具によって，機能系を再構成することにより，障害された高次心理機能の回復がなされると考えられる。これが認知リハビリテーションの基本的な考え方であり，現在に至るまで高次脳機能障害に対するケアの一部となっていると思われる（鹿島，2010a）。また近年，注目されている「心の道具」（Tools of Mind）カリキュラムによる小児への教育にも，この認知リハビリテーションと同様の原理が認められるように思われる。「心の道具」カリキュラムとは，Bodrova & Leong（2007）によって提唱されたヴィゴツキーやルリヤの理論に基づく，自己制御や実行機能に焦点を当てた教育プログラムである。このカリキュラムに関しては，ランダム化試験による効果検証も行われているが（Barnett et al., 2008），その詳細は第6章で述べられている。

　以上，ルリヤによる高次心理機能の「構造」の概念について述べてきたが，最後に外的な道具が心理機能に及ぼす影響の両価性とでも言うべき点について述べておきたい。ルリヤは様々な所で，ヴィゴツキーと共に行ったパーキンソン病の歩行に関する研究について述べている（たとえば，ルリヤ，1970b/1976: 154-156）。大脳基底核の障害により生じるパーキンソン病においては，無動や動作緩慢によって特徴づけられるような運動開始の困難が認められる一方で，歩き始めに障害物などがある場合には容易に運動が開始されるという矛盾した

注2　鹿島・加藤・本田（1999）は，ゴルドシュタインの全体論的理論が，ルリヤの再構成概念と多くの共通点をもつことを指摘している。ゴルドシュタインの代償過程も含んだ脳障害からの回復理論（ゴルドシュタイン，1934/1957）は，ヴィゴツキーの補償理論（第2章）と通ずるところがあるように思われる。よく知られたゴルドシュタインの「抽象的態度の喪失」（山鳥，1985）が，脳損傷後の人格変容とも関連づけられるものであったこと（鹿島・加藤・本田，1999）なども踏まえると，彼の全体論的理論は，ヴィゴツキーが言うところの知能と情動の統一された「単位」という考え方とも通ずるように思われる。今後の詳細な検討が必要である。

運動障害を示すことがある（矛盾性歩行）。ルリヤはヴィゴツキーと共に，平らな床を数歩たりとも歩くことができないパーキンソン病者が，床に配置された数個の対象をまたぐのは容易であることを見出し，これは大脳基底核のような皮質下の構造による歩行の制御が，視覚的なシンボルを呈示することで皮質による制御に置き換わり，いわば新たな機能系が形成された現れとして解釈している（これがほとんど正鵠を得た洞察であったことは，Hanakawa et al. (1999) からも確かめられる）。

　しかしながら，このように外的な道具によって行動が解発されることが，時に症状として捉えられることもある。いわゆる前頭葉障害においては，環境依存症候群や使用行動と呼ばれる症状が認められる。これは自らの意志とは関係なく，目に入った道具を使用するというような現象を指す。かつてデニー＝ブラウン（Denny-Brown, D.）は，こうした病的な把握現象を本来，頭頂葉が司っていた環境探索行動が前頭葉損傷で開放されたものとして捉えた（山鳥，1985）。Archibald, Mateer, & Kerns (2001) は，このデニー＝ブラウンの枠組みをより発展させ，環境依存症候群や使用行動の出現メカニズムとして，頭頂葉から運動前野へと情報が入力されることで惹起される運動反応が，前頭前野から帯状回を経て運動反応を抑制するプロセスが障害されることで解発されるというプロセスを想定している。頭頂葉から運動前野への入力で惹起される運動反応とは，いわゆるアフォーダンスの神経基盤であると考えられている（リゾラッティ・シニガリア，2006/2009）。アフォーダンスとはギブソン（Gibson, J.）によって提唱されたものであり，その含意は多岐にわたるが，ここでは「ある動物にとって，どのように行動できるか，どのように行動すべきかに関わる環境の特性」（樋口・森岡，2008）であるとしておく（このアフォーダンスとヴィゴツキー理論の親近性については，国分（2005）を参照されたい）。

　さて，たとえばコップやスマートフォンなどの人工的な道具は，どのように把持され扱われるかという製作者の意図が具体化したものとして捉えられ，それらが呈示された場合にはそれに対応したアフォーダンス（コップに対して，その取手を摘まむというような）が，運動経験と共に惹起されるようになってくるものと考えられる。ヴィゴツキーの影響のもと随意運動の発達について研究したザポロージェツ（Zaporozhets, A. V.）は，人工的な道具のこうした性質を随

意運動の「砥石」と呼んだ（ザポロージェツ，1960/1965: 121. また Kokubun（1999）も参照のこと）。したがって，日常生活にはアフォーダンスを惹起させるものが無数に存在し，私たちはそうしたアフォーダンスが競合する中で適宜，適切な行動を選択していると言える。Cisek（2007）は，行動制御に関して，アフォーダンス競合モデルを提唱している。これは外界の対象から様々なアフォーダンスが惹起され，それらを実現するための行動準備が並列分散的に進むのであるが，最終的にはそれらが互いに合意を取るかのように一つの行動実現に収束するというモデルである（虫明，2019）。この収束のプロセスについては，ボトムアップ的なプロセスとトップダウン的なプロセスが想定されているが，このトップダウン的なプロセスにおいて内言や社会的な慣習が重要な役割を果たすものと思われる。環境依存症候群や使用行動のような病的な把握現象は，こうした行動準備の収束過程が障害され，適当でないアフォーダンスに従属した状態であると捉えられる。

　続く節でも述べるが，ルリヤの神経心理学理論においては，処理や構造の階層性が強調され，アフォーダンス競合モデルのような処理や構造の並列性についての注目が弱い。ただし，社会文化的な道具に埋め込まれている人間であるがゆえに生じる，病的な把握現象のような道具や環境と人間の拮抗関係の破綻とも言える現象については，前頭葉機能の障害の本質的特徴として繰り返し詳述されている。「患者の一人は，ベルのボタンを見て，ボタンに手をのばし，押したが，看護婦がベルに応じて入ってきたとき，なんのために彼女を呼んだのか説明できなかった。また，診察してもらった医者の診察室から出てよいといわれた別の患者は，戸棚の戸が開いているのを見て，戸棚の中に入ってしまった」（ルリヤ，1973/1999: 204）。また，ルリヤはバルブ押し課題において，「ゴム球」という課題で使用している物理的な道具それ自体の特徴が，子どもがゴム球を教示の意味に反して押し続けることの要因の一つであることも指摘している（「気球（ゴム球）から絶えず作用してくる筋運動興奮が絶えずそれを押す動作をひきおこすだろう」（ルリヤ，1957/1969: 142））。

　現在，環境調整は特別支援教育における主要な支援法の一つと言えるが，こうした外的な道具の心理機能に及ぼす影響の両価性についても留意する必要があるのではないだろうか。実際に，ADHD 児においても使用行動が観察され

ることが報告されるとともに（Archibald et al., 2005），病的把握現象は発達初期の子どもの特徴とも関連づけられている（平山，1993）。

　また，ヴィゴツキーやルリヤとは異なる文脈ではあるが，カミロフ＝スミス（Karmiloff-Smith, A.）は障害児に関わる人々が，知的障害のような障害特性に配慮することで，定型発達児とは異なる発達のための環境をつくり出している可能性を指摘している（Karmiloff-Smith, 2009）。たとえば，定型発達の乳児においては，よく口におもちゃなどを運び，気ままに這い這いをして周囲の環境を探索するが，ダウン症のような発達初期から気づかれる障害児においては，その危険性を周囲が配慮して，そうした行動の機会が少なくなり，それが障害児の状態形成に関与しているのかもしれない（ただし，これは知的障害や発達障害が経験不足によって生じることを意味しているのではない。カミロフ＝スミスの理論である「神経構成主義」に関しては，平田（2019）を参照されたい）。こうした彼女の指摘は，ヴィゴツキーやルリヤの理論の応用を考える際にも，重要な視点であると思われる。

③「発達」に関して

　ルリヤが，高次心理機能の発達は力動的であると言うとき，それは高次心理機能の機能系に含まれる構成要素の関係が継時的に変化するものであるということを意味している。大脳において各感覚器から入力された情報は，まずそれぞれの感覚（モダリティ）に応じた一次感覚野（一次領域）で処理され，その後，同一モダリティにおけるより複雑な処理が単一感覚連合野（二次領域）で行われる。さらに，単一感覚連合野からの感覚情報は多種感覚連合野（三次領域）で他の感覚と統合される。これはルリヤの時代から知られていた事実であるが，ルリヤはヴィゴツキーの考えに基づき，小児と成人では同じ領域でも高次心理機能に果たす役割が異なることを強調する。すなわち，「発達の初期には，『高次』の中枢（二次領域や三次領域）の形成は『低次』の中枢（一次領域）の発育に依存するが，完成した行動では『高次』の中枢が『低次』の中枢の働きを組織する」（ルリヤ，1970a/1976: 79）。これは現在の言葉で言うならば，発達に伴い感覚情報の処理がボトムアップの形式によるものからトップダウンの形式へと移行するということを意味している。

発達初期における特定の感覚処理の問題が，概念理解などの高次の心理機能の発達を阻害するということは，たとえば視覚障害児におけるバーバリズム（惠羅・菅原・大庭，2019）などが，その一例であろう。また，成人において一次感覚野の障害では高次の心理機能の問題はさほど生じず，そういった問題が一連の多種感覚連合野の障害で生じることは，よく知られている（たとえば，鹿島，2010b）。このように感覚情報の階層的な処理において，各層の重要性が生涯発達的に変化するというルリヤの考えは，現在でも大枠では適用されうるものと思われる。

　しかしながら，近年の脳の解剖学的構造についての研究は，三次領域がルリヤの想定よりも少ないと思われる割合で下位領域からの情報入力を受けていることや，各領域がきわめて循環的に接続されていることを明らかにしており，Kolb（2016）は，ルリヤの理論をこうした脳の解剖学的構造についての現代的知識を踏まえて取り上げる必要があるとしている。また Kolb（2016）は，ルリヤが想定している単一の階層的な感覚処理のモデルではなく，より複数の階層的な感覚処理が並列しているモデルの有用性を指摘している。

　さて，ルリヤが言うところの「力動的」とは，上記で述べたことだけでなく，同一の活動であっても，それが習熟されるにつれ，その機能系の構成要素が変化していくということも意味している。たとえば，はじめ書字は一つ一つの文字の形態の記憶や，正しく文字を書くための個別的な運動命令を必要とするのであるが，書字に習熟するにつれそうした一つ一つの文字の記憶や運動命令は必要でなくなり，統合された「運動メロディー」に基づき行われるようになる（ルリヤ，1973/1999: 72）。このことは活動に取り組み始めた初期と習熟した後期では，機能系の構成要素の相対的重要性に変化が生じることを示している。現在の認知神経科学においては，運動学習において意識的な制御から無意識的で自動的な制御への移行が生じる際には，制御に関わる脳部位の変化が起こることが明らかとなっている（彦坂，2003）。ルリヤの理論は，こうした知見を先取りするものであったと言えるだろう。

　このような習熟に伴う高次心理機能の構成要素の変化に注目するとき，van't Wout & Jarrold（2020）の研究は大変興味深い。この研究では新奇の学習における内言の関与について，先にも述べたような二重課題法を用いて検討された。

特に，この研究では測定の初期には構音抑制（内言の関与を阻害）を実施するが，測定の後期には足によるタッピング（注意の分割による影響についての検討）を実施する条件や，この実施順を逆転させた条件で測定を行うことにより，学習の初期と後期で内言の役割に違いがあるのかということの検討に主眼が当てられている。測定の結果，成人においては学習の初期には内言が関与しているのであるが，学習の後期にはその関与が低下することが明らかとなった。これはルリヤが，高次心理機能が力動的であると言うときの機能系の特質を，十分に捉えている。

　高次心理機能の機能系に関して，その構成要素の相対的な重要性が発達や技能の習熟に応じて変化していくというルリヤの基本的な考えは，未だその価値を失っていない。ところで，言語が高次心理機能に関与していることは確かなのであるが，なぜ言語が行動を制御しうるのかという根本的な事柄については，未だ明らかでない点が多い。前頭葉損傷者や幼い子どもにおいては，与えられた教示を正しく復唱できるにもかかわらず，それにしたがった行動制御を行うことができない（Zelazo, Frye, & Rapus, 1996；鹿島，1995）。こうした言語と行動の乖離が，どのようなメカニズムにより生じているのかの解明が急がれる。

第3節　おわりに

　以上，誠に不十分ではあるが，ルリヤの神経心理学に関する一文を解き明かす形で，ヴィゴツキーやルリヤの理論の基礎的事柄とその現代的意義について見てきた。しかしながら，本章ではヴィゴツキーが重視していた，知能と情動の統一された分解し難い「単位」という考え方については，取り上げることができなかった。国分（2009）は，ルリヤのバルブ押し課題が，こうした「単位」を明らかにするためのものであった可能性を指摘している。

　この点と関連して，現在，実行機能は認知制御を担うもの（メタ認知的な実行機能）と，感情や動機づけの制御を担うものにまず大別されている。Ardila（2008）はヴィゴツキーの理論を参照しつつ，これら2つの実行機能が異なる進化的起源をもつ可能性を主張している。すなわち，人類におけるメタ認知的な実行機能の出現は，書き言葉の登場と密接に関係する一方で，感情や動機

づけの制御を担う実行機能は，それよりも古い生物学的起源をもつ。ヴィゴツキーが言わんとしていたところは，社会文化的な道具がヒトの思考に限らず，より始原的な情動をも，あるいはこの両者の複合を随意的に制御するということであったと考えるのは，あまりに単純であろうか。[3]

　ルリヤの弟子であった Akhutina（1997）は，知的障害児を認知制御と情動や動機づけの制御の2側面から捉えることの重要性を指摘しているが，その詳細はやや明らかでない。ヴィゴツキーは，心理機能における結合と全体性を重視した（国分，2009）。ルリヤの神経心理学も，この点に関わるものであったと言える。ヴィゴツキーやルリヤが提起した理論は，単なる人文学的関心に留まらない価値を現在でも豊穣に有している。彼らの理論が示唆する事柄や提起される問いを実証的に明らかにしていくことは，今後の障害児心理学の課題として未だ残されている。

引用文献

Alderson-Day, B., & Fernyhough, C. (2015). Inner speech: Development, cognitive functions, phenomenology, and neurobiology. *Psychological Bulletin, 141*, 931-965.

Archibald, S. J., Kerns, K. A., Mateer, C. A., & Ismay, L. (2005). Evidence of utilization behavior in children with ADHD. *Journal of the International Neuropsychological Society, 11*, 367-375.

Archibald, S. J., Mateer, C. A., & Kerns, K. A. (2001). Utilization behavior: Clinical manifestations and neurological mechanisms. *Neuropsychology Review, 11*, 117-130.

Ardila, A. (2008). On the evolutionary origins of executive functions. *Brain and Cognition, 68*, 92-99.

Akhutina, T. V. (1997). The remediation of executive functions in children with cognitive disorders: The Vygotsky-Luria neuropsychological approach. *Journal of Intellectual Disability Research, 41*, 144-151.

Baddeley, A. D. (2009). What is memory? In A. D. Baddeley, M. W. Eysenck, & M. C. Anderson (Eds.), *Memory*. Psychology Press, 1-17.

注3　この点に関しては，ルリヤやヴィゴツキーがその研究生活の初期に精神分析への関心を示していたこと（国分，2018）が，後の研究にどのような影響を及ぼしたのかについても検討すべきである。

Barnett, W. S., Jung, K., Yarosz, D. J., Thomas, J., Hornbeck, A., Stechuk, R., & Burns, S. (2008). Educational effects of the Tools of the Mind curriculum: A randomized trial. *Early Childhood Research Quarterly, 23*, 299-313.

Bodrova, E., & Leong, D.J. (2007). *Tools of the mind* (2nd ed.). Columbus: Merrill/ Prentice Hill.

Bodrova, E., Leong, D. J., & Akhutina, T. V. (2011). When everything new is well-forgotten old: Vygotsky/Luria insights in the development of executive functions. *New Directions for Child and Adolescent Development, 133*, 11-28.

Christensen, A. (1979). *Luria's neuropsychological investigation*. Copenhagen: Munksgaard.

Cisek, P. (2007). Cortical mechanisms of action selection: the affordance competition hypothesis. *Philosophical Transactions of the Royal Society of London. Series B, Biological Sciences, 362*, 1585-1599.

Emerson, M. J., & Miyake, A. (2003). The role of inner speech in task switching: A dual-task investigation. *Journal of Memory and Language, 48*, 148-168.

惠羅修吉・菅原まゆ・大庭重治 (2019). 視覚障害児における色彩語の意味記憶特性. 上越教育大学特別支援教育実践研究センター紀要, *25*, 19-23.

ゴールドバーグ, E. (2001). 脳を支配する前頭葉：人間らしさをもたらす脳の中枢. 池尻由紀子 (訳) (2007), 講談社.

ゴルドシュタイン, K. (1934). 生体の機能. 村上仁・黒丸正四郎 (訳) (1957), みすず書房.

Hanakawa, T., Fukuyama, H., Katsumi, Y., Honda, M., & Shibasaki, H. (1999). Enhanced lateral premotor activity during paradoxical gait in Parkinson's disease. *Annals of Neurology, 45*, 329-336.

樋口貴広・森岡周 (2008). 身体運動学：知覚・認知からのメッセージ. 三輪書店.

平山惠造 (1993). 前頭葉病変と行為障害. 神経心理学, *9*, 2-12.

平田正吾 (2019). 自閉症スペクトラム障害の心理学研究. 北洋輔・平田正吾 (編), 発達障害の心理学：特別支援教育を支えるエビデンス. 福村出版, 69-84.

彦坂興秀 (2003). 眼と精神：彦坂興秀の課外授業. 医学書院.

Holland, L., & Low, J. (2010). Do children with autism use inner speech and visuospatial resources for the service of executive control? Evidence from suppression in dual tasks. *British Journal of Developmental Psychology, 28*, 369-391.

Karmiloff-Smith, A. (2009). Nativism versus neuroconstructivism: Rethinking the study of developmental disorders. *Developmental Psychology, 45*, 56-63.

鹿島晴雄 (1987). 力動的局在論：ロシア学派の立場. 神経精神薬理, *9*, 311-329.

鹿島晴雄（1995）．前頭葉損傷と awareness の障害：特に impaired verbal regulation との関連について．失語症研究, *15*, 181-187.

鹿島晴雄（2010a）．Luria とロシア学派：前頭葉機能研究と認知リハビリテーションへ．神経心理学, *26*, 16-23.

鹿島晴雄（2010b）．高次脳機能障害の概念をめぐって．精神医学, *52*, 945-949.

鹿島晴雄・加藤元一郎・本田哲三（1999）．認知リハビリテーション．医学書院．

国分充（1997）．随意運動．茂木俊彦（編），障害児教育大事典．旬報社, 460.

Kokubun, M.（1999）. The relationship between the effect of setting a goal on standing broad jump performance and behaviour regulation ability in children with intellectual disability. *Journal of Intellectual Disability Research, 43*, 13-18.

国分充（2005）．小特集「障害児・者の運動行為へのアプローチ」の企画にあたって．発達障害研究, *27*, 1-3.

国分充（2009）．ヴィゴツキーと知的障害研究．障害者問題研究, *37*, 47-54.

国分充（2018）．ソビエト・ロシアの精神分析．精神医学史研究, *22*, 29-34.

Kolb, B.（2016）. Revisiting Luria the organization of higher cortical functions. In B. Kolb, & I. Q. Whishaw（Eds.）, *Brain and behaviour: Revisiting the classic studies.* SAGE Publications Ltd.

ルリヤ, A. R.（1957）．随意運動の発生．松野豊・関口昇（訳）（1969），言語と精神発達．明治図書, 139-171.

ルリヤ, A. R.（1970a）．人間の高次心理機能とその局在の問題．松野豊（訳）（1976），人間の脳と心理過程．金子書房, 61-80.

ルリヤ, A. R.（1970b）．言語行為の調節機能の発達と崩壊．松野豊（訳）（1976），人間の脳と心理過程．金子書房, 129-164.

ルリヤ, A. R.（1973）．神経心理学の基礎　第2版．鹿島晴雄（訳）（1999），創造出版．

ルリヤ, A. R.（1979）．言語と意識．天野清（訳）（1982），金子書房．

前川久男（2017）．十分に忘れられたものが全ての新しいものとなる時：Vygotsky と Luria による実行機能の発達に関する洞察．いわき短期大学研究紀要, *50*, 91-109.

マルクス, K.（1845）．フォイエルバッハに関するテーゼ．秋間実・藤川覚（訳）（1983），フォイエルバッハ論．大月書店, 101-107.

Mitsuhashi, S., Hirata, S., & Okuzumi, H.（2018a）. Role of inner speech on the Luria hand test. *Cogent Psychology, 5*, Article 1449485.

Mitsuhashi, S., Hirata, S., & Okuzumi, H.（2018b）. Role of inner speech on serial recall in children with ASD: A pilot study using the Luria hand test. *Autism Research and Treatment*, 6873412.

三宅晶（2000）．ワーキングメモリ：過去, 現在, 未来．苧阪直行（編），脳とワーキン

グメモリ．京都大学学術出版会，311-329.

虫明元（2019）．前頭葉のしくみ：からだ・心・社会をつなぐネットワーク．共立出版．

リゾラッティ，J., シニガリア，K.（2006）．ミラーニューロン．柴田裕之（訳）（2009），紀伊國屋書店．

トマセロ，M.（1999）．心とことばの起源を探る．大堀壽夫・中澤恒子・西村義樹・本多啓（訳）（2006），勁草書房．

内田伸子（2006）．子どもはなぜかけ声をかけるのか．内田伸子（編），発達心理学キーワード．有斐閣，90-91.

van't Wout, F., & Jarrold, C. (2020). The role of language in novel task learning. *Cognition, 194*, 104036.

ヴィゴツキー，L. S.（1930）．子どもによる道具と記号（言語）操作の発達．柴田義松・宮坂琇子・土井捷三・神谷栄司（訳）（2002），新児童心理学講義．新読書社，167-246.

ヴィゴツキー，L. S.（1930?）．障害児の発達と教育に関する学説．柴田義松・宮坂琇子（訳）（2002），障害児発達教育論集．新読書社，45-54.

Williams, D. M., Bowler D. M., & Jarrold, C. (2012). Inner speech is used to mediate short-term memory, but not planning, among intellectually high-functioning adults with autism spectrum disorder. *Development and Psychopathology, 24*, 225-239.

山鳥重（1985）．神経心理学入門．医学書院．

ザポロージェツ，A. V.（1960）．随意運動の発達．西牟田久雄（訳）（1965），世界書院．

Zelazo, P. D., Frye, D., & Rapus, T. (1996). An age-related dissociation between knowing rules and using them. *Cognitive Development, 11*, 37-63.

====== 第2章 ======

知的障害児・者における運動行為

平田正吾

第1節　はじめに

　知的障害のある者において（現在における知的障害の詳細な定義については，たとえば第6章冒頭を参照されたい），脳性麻痺のような明らかな運動障害がないにもかかわらず，運動の稚拙さやぎこちない動きが認められることは，セガン（Séguin, É.）による知的障害児への教育のはじまり以来，現在に至るまでよく知られている（平田ら，2013a）。

　運動機能の研究を，筋収縮や反射のような運動の生理的基礎や，単関節運動のような要素的な運動の特徴を調べる実験室的なものと，日常生活や就労場面における様々な動作や道具操作のようなより複雑な運動の特徴を調べる応用的・実践的なものに大別した場合に，複数の運動課題から構成される標準化されたアセスメントを実施する手法は，後者の代表的なものである。運動に関するビネー式知能検査とも言えるオゼレツキーテストの登場以来，その後継であるMovement Assessment Battery for Children（MABC）に至るまで，知的障害児はこれらの課題で同じ年齢の定型発達児よりも低い成績を示すことが一貫して指摘されてきた（平田ら，2013a）。

　近年の国際的な診断基準では，MABCの低成績は発達性協調運動障害（DCD）の存在を疑う条件の一つであるが，筆者はこれをもって知的障害とDCDが併

存していると言うには，慎重であるべきと考える。それは国際的な診断基準に基づく知的障害と DCD の併存診断におけるいくつかの技術的な問題点に加え（この点については，平田（2019）を参照されたい），そもそも知的障害における運動面の特徴の意味するところが，多分に多義的なものではないかと考えてきたからである。本章では，まずこの点から述べる。

第2節　知的障害児・者における運動行為の心理学的性質

　手指を使用した作業能力を評価する代表的な手法として，定められた時間内にどのくらいの作業が達成できるのかということや，ある作業量をこなすのにどれくらいの時間がかかるかということを評価するものが挙げられる。国際的に使用されているパーデューペグボードや，それに類似した一連の課題は，こうした手法に含まれる。この手法においては，一定時間内における作業量の多さや所要時間の短さ，すなわち運動を速く遂行しているほど，作業能力が高いものと解釈される。

　運動を速く遂行できることに現代社会で実際的な価値があることは確かであるが，運動の速さと対を成す特徴として運動の正確性がある。運動制御において，運動を速く遂行した場合には運動の最終的な正確性が低下し，運動を正確に遂行した場合には運動の速さが低下することは，「速さと正確性のトレードオフ」としてよく知られている。実際に，知的障害児・者や小児がペグボード課題（たとえば，ボードに開けられた穴にペグを挿していく課題）を遂行している様子を観察すると，課題を速く遂行している児においては，ペグをボードに強くぶつける場面や，穴にスムーズにペグを挿せずに何度かやり直す場面がしばしば観察され，たとえ最終的に挿したペグの本数が多くとも運動が正確であるとは言い難いところもある。

　こうした速さと正確性のトレードオフという原則を念頭に置くならば，運動の速さのみを作業能力の指標とすることは適当でなく，運動の正確性と併せた2側面からの評価が必要ではないかと思われる。これを踏まえ，筆者は手指を用いた作業（手指運動）における運動の速さと最終的な正確性を評価する課題を知的障害児・者に実施し，その際の特徴について検討した。筆者の考案した

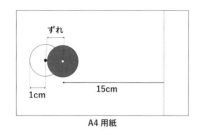

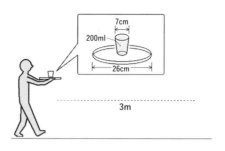

≪　シール貼り課題　≫
直径 2 cm の丸枠に，15 cm 先の線から
同じ大きさのシールを貼る

≪　おぼん運び課題　≫
コップに入った水をこぼさないようにしつつ，
3 m 先まで運ぶ

図 2-1　シール貼り課題とおぼん運び課題

課題（シール貼り課題）は，用紙に印刷された丸枠（直径 2cm）に，定められた距離から同じ形のシールを貼るというもので，シールを貼り終わるまでの所要時間を運動の速さとして，貼られたシールと丸枠の間のずれを運動の正確性として計測するものである（図 2-1）。

　一連の測定の結果（平田，2019），知的障害児・者のシール貼り課題における遂行様相はばらつき，4 つの群に分けられることが明らかとなった。すなわち，運動遂行が「速く正確な群」「速く不正確な群（速さ優位群）」「遅く正確な群（正確性優位群）」「遅く不正確な群」である。速さと正確性という 2 つの連続量がある場合に，これら 4 つの類型が生じることは当然であるかのようにも思われる（コクロムクドリモドキという鳥においても，速さ優位群や正確性優位群のような行動特徴の類型が認められることが報告されている（アッカーマン，2016/2018））。だが，手指運動と対を成す運動種である歩行における速さと正確性をおぼん運び課題を用いて評価し，手指運動における速さと正確性との関連について検討したところ，知的障害児・者は概ね課題によらず一貫した特徴を示すことが明らかとなった。ここで実施したおぼん運び課題とは，Kokubun（1999）によって考案されたものであり，対象者はおぼんに載せられたコップの中の水をこぼさないようにしつつ，3m 先の測定者のところまで運ぶよう求められる（図 2-1）。実験者のもとに辿り着くまでの所要時間が運動の速さ，課題終了時までにコップに残った水の量が運動の正確性として計測される。

このように，知的障害児・者の運動遂行は，速さと正確性という2側面から見た場合に，手指運動と歩行という運動種を横断した特徴を示すいくつかの類型に分けることができる。平田ら（2013b）は，こうした特徴が事前の教示によっては，容易に変化しないことを確認している。また，各類型においてこうした運動遂行の特徴は，MABCを改訂した運動アセスメントであるMABC-2においても一貫して認められた（平田，2019）。

　さて，運動遂行が「遅いが正確な群」は，運動が遅いことだけに注目するならば作業能力や運動能力が特に低い者と従来評価されていたかもしれない。しかしながら，そうした運動遂行の特徴を，運動の速さではなく運動の正確性を重視して運動を行った結果と考えるならば，一概に運動機能の問題を表すものとは思われない。運動遂行における定型発達者との違い（非定型性）を，運動機能の問題の直接的な表れとする，従来想定されていた能力観は現在，何人かの論者によって再考を促されている（この点については，第3章も参照されたい）。ラタッシュ（Latash, M.）は，そうした中でも代表的な論者であるが，彼によると脳障害や加齢に伴う運動遂行の変化，さらには知的障害のあるダウン症者の緩慢な運動遂行の特徴は，自らの一次的な運動障害に適応するための代償的な方略の表れとして捉えられる（Latash, 2008）。国分（2009）は，こうした彼の能力観をヴィゴツキーの知的障害児についての能力観と親和性が高いものとしている（奇しくもラタッシュもロシアにそのルーツをもつ研究者である）。

　ヴィゴツキーによると，知的障害は複雑な構造をもち，そうした構造の複雑さは発達過程で生じる（ヴィゴツキー，1931/2002）。すなわち，子どもの一次的な生物学的機能障害から二次的に，さらにはそこから三次的にというように，困難の構造は経験と共に複雑化していく。だが，ヴィゴツキーはこうした一次的な障害に端を発するネガティブな過程がある一方で，一次的な障害に対する能動的な適応過程や，発達における補償過程もまた存在するとする。これはまさしくラタッシュが示すところの能力観に通ずる。また，ヴィゴツキーによると，一次的な障害からより間接的に形成された「遠い」症状ほど，より容易に取り除くことができ，これが障害児に対する教育の主たる目標の一つであるとしている（ヴィゴツキー，1931/2002: 155）。ラタッシュもまた訓練によって，ダウン症者の運動遂行における代償方略が，特定の環境では解除されうることを

報告している（Almeida, Corcos, & Latash, 1994）。

　ラタッシュの能力観は，染色体異常を原因とするダウン症者に限らず知的障害者全般に適用しうるものであり（平田ら，2013a），今後ますます注目されるべきものと思われる。また，こうした運動遂行における非定型性を時に適応的価値を有したものとする見方は，運動が「遅いが正確な」者たちだけでなく，他の類型の者たちにも当てはめうる可能性がある（平田，2019）。知的障害児・者に一次的な運動障害が認められる可能性は，当然否定できない（第8章）。しかし，知的障害児・者における運動課題の「低成績」や「非定型性」を，そうした一次障害の表れやDCDの併存とまず安易に捉えるのではなく，その特徴の適応的意義も考えていく必要性があるのではないだろうか。

　さらにこうした能力観は，知的障害児・者の運動遂行を定型発達者に近づけていくことが，常に目指されるべきではないことも意味している。たとえば，臨床的な動的バランス機能の検査として，ファンクショナル・リーチ課題がある（第3章も参照されたい）。この課題では，直立姿勢を保持したまま，水平に掲げた腕をできるだけ遠方に伸ばすことが求められる。高齢者や知的障害者においては，この課題の成績（腕を伸ばすことができた距離）が低く，バランス機能の低下を表すものとされてきた。この一方でファンクショナル・リーチ課題においては，前方に目標物を設置することで高齢者や知的障害者の成績が上昇することが報告されている（奥住ら，2012）。しかしながら，Chevan et al.（2003）は，この方法では高齢者において課題実施中に転倒の危険性が増すことから，臨床的な使用を推奨しないとしている。こうして見ると，高齢者や知的障害児・者におけるファンクショナル・リーチ課題の低成績とは，自らの転倒を防ぐための代償的な方略の表れであったとも言える。ヴィゴツキーは補償の過程が常にうまくいくとは限らないことも強調しているが（ヴィゴツキー，1931/2002），測定場面で観察される運動の様々な「問題」や非定型性を，対象者にとって内的な必然性や妥当性をもったものとして捉え，「なぜ，そのような状態像を形成するに至ったのか」と吟味していくことが重要であると，重ねて強調しておきたい。

　障害児が示す状態像を，一次的な機能障害と経験の中で形成されていく一連の副次的かつ両価的な特徴の複合体として捉えるヴィゴツキーの見方は，障害

児が示す状態像をすべて一次的な脳機能障害の表れとする安易な捉え方をいましめるものである。ヴィゴツキーの障害観は，現代の発達障害の状態形成に関するカミロフ＝スミスの理論（Karmiloff-Smith, 1998）や，認知症の周辺症状に対する小澤勲の理論（小澤，1998）とも近く，その適用範囲は広いものと思われる（「重要なのは，人がどんな病気にかかっているのかだけでなく，どんな人がその病気にかかっているのかについても知ることである」（ヴィゴツキー，1931/2002: 140）というヴィゴツキーの言葉は，筆者に小澤の著作をまず思い起こさせた）。

ヴィゴツキーは，知的障害児を障害も補償過程も含む均衡化された全体として捉えることを強調した。Hirata et al.（2013）は，知的障害児・者の運動遂行における4つの類型の特徴が，認知的な判断における速さと正確性に関しても一貫して存在していることを明らかにし，運動制御と認知制御という領域を横断した速さと正確性のトレードオフ要求に対処する能力が，知的障害児・者の心理活動全般を規定している可能性を指摘している。速さと正確性のトレードオフ要求に対処する能力の個人差（衝動型−熟慮型の認知スタイル）は，そもそもはパーソナリティ特性の一つとして提唱されたことを踏まえると，知的障害児・者における運動遂行の個人差が，ついには彼らのパーソナリティ特性の個人差へと辿り着くこととなる。そしてこうした考え方は，ヴィゴツキーの全体性を重視する障害観と近いようにも思われるのである。

現在，特別支援教育においては各々の障害特性は強調されるが，障害のある子どもそれぞれのパーソナリティ特性については，ほとんど触れられず，両者がはたしてどのような関係にあるのかについては未だ整理されていない。今後，検討すべき事柄として，ここに挙げておきたい。さらに近年，発達心理学の領域では，同一個人内における機能の変動も注目されている。これは特定の発達段階では特定の方略のみが使用されるとするのではなく，常にいくつかの方略が個人内で競合関係にあり，その時々で優勢に表れる方略は変化しうるとするSiegler（1998）の重複波理論に基づくものである。運動課題に限らず，知的障害児・者に対する心理学的な測定結果の安定性や変動について検討したものは少ないが（第4章も参照されたい），こうした知見と個人内で安定した特性という考え方の関係についても今後，検討していく必要がある。

第3節　知的障害児・者における最終状態の安楽効果

　このように知的障害児・者の運動面の特徴を心理学的に分析していくことにより，単に運動機能が低いと指摘するに留まらない新たな障害理解の可能性が拓かれると言える。さて，知的障害児・者における運動面の特徴を理解するための別の手がかりとして，筆者が近年注目しているものに，最終状態の安楽効果（ESC 効果）がある。ESC 効果（End-state comfort effect）とはローゼンバウム（Rosenbaum, S. A.）によって提唱されたもので，私たちが運動を行う際には最終的な身体の状態（姿勢）が安楽で快適となるよう，あらかじめ運動の計画が行われるという現象を指す（Rosenbaum, 2010）。たとえば，開口部が下に伏せられているコップに水を注ぐ際には，親指を上に向けて持つ方がコップを即座に摑めるにもかかわらず，私たちは上腕を捻り親指を下にした状態でコップを摑むであろう。これはコップを摑んだ後に水を注ぐ際に，そちらの方が安定した状態（親指を上にした状態）でコップを持つことになるからである。このように最終的な状態が安楽となるよう，運動があえて安楽でない状態から遂行された場合，ESC 効果の表れと解釈する。ESC 効果は，私たちが日常生活において運動を円滑に遂行する上で重要な役割を果たしていると考えられるが，必ずしも発達初期から優勢に現れるわけではなく，定型発達児が成人と同様にESC 効果をよく示すようになるのは，概ね 10 歳頃からとされている（Wunsch et al., 2013）。

　筆者が ESC 効果に注目するのは，この現象がまさしく身体と不可分だからである。先に，一部の知的障害児・者の運動面における特徴を代償的な方略の表れとする立場を紹介し，こうした方略が運動面に限らず認知面にも一貫した影響を及ぼす特性の一種である可能性を指摘した。だが，運動と認知の制御に共に影響を及ぼす特性という考え方は魅力的ではあるが，知的障害児・者の運動面における特徴を，すべてそうした全般的な特性に還元してしまう危険性があるようにも思われる。当然のことではあるが，運動は身体の各部位を協調させることによって実現される。そして，人の身体は物理的に無制限に動かすことはできず，各関節の可動域には一定の制限が認められる。人の身体運動とは，

そうした無数の関節の組み合わせの中から，いかにして特定のものを選択するかという物理的な問題（運動の自由度問題。ベルンシュタイン，1996/2003[1]）を解くプロセスである。全般的な特性による運動遂行の説明は，こうした自らの身体をどのように制御するかという基本的な問題に十分に触れることができていない。ESC 効果は，こうした運動の自由度問題を解決するための制約原理として提案されたものである。筆者は，このような自らが自らの身体をどのように扱うかという点に関わる現象を調べることにより，知的障害児・者の運動遂行の特徴を，より重層的に捉えられるのではないかと考え，現在この点についての検討をいくつか行っている。

　知的障害児・者における ESC 効果について調べた研究はきわめて少ないが，菊池ら（2019）は知的障害者に対して，Cup manipulation task（Weiss, Wark, & Rosenbaum, 2007；Wunsch et al., 2015. くじら課題，図 2-2）を実施することにより，彼らにおける ESC 効果の実態についての検討を行った。Cup manipulation task は，オマキザルや定型発達児を対象としたいくつかの先行研究でこれまでに使用されているものであり，開口部が伏せられた容器の底に付けられた事物（我々はくじらの人形を用いた）を，容器の開口部を上に向けた後に取り出すよう求めた際に，対象者が容器をどのように扱うのかを観察することから，ESC 効果の出現の有無を評価するものである。すなわち，容器の柄をまず掴むのではなく，上腕を捻って親指を下に向けた状態で柄を握り，容器を装置から取り出した後に容器を上向きに回転させ人形を取り出した場合，ESC 効果が出現したと解釈する。

　測定の結果，知的障害者において ESC 効果を優勢に示す者は少ないことがまず明らかとなった。また，知的障害者が ESC 効果を示していなかった場合に，どのように課題を遂行していたのか分析したところ，「非安楽反応」や

注1　ベルンシュタイン（Bernstein, N. A.）はソ連の生理学者であり，ルリヤの著作においても運動
　　制御における求心性情報の重要性を示す際などに，しばしば言及されている（たとえば，ルリヤ
　　（1973/1999: 259-262）。先に挙げたラタッシュは，このベルンシュタインの英語圏における再評価
　　を行った者の一人である）。ベルンシュタインは，動作の「巧みさ」は運動それ自体にあるので
　　はなく，「変わりゆく外界の条件との相互作用によって現れてくる」とした（ベルンシュタイン，
　　1996/2003: 259）。こうしたベルンシュタインの能力観は，第 9 章で述べられる生態学的視点によ
　　る支援の登場を予見するものであるように思われる。

〈側面〉　〈正面〉

開口部を上向きにして容器を
取り出し，くじらを外す。

〈誤反応，非安楽反応〉

〈正反応，ESC 効果〉　　〈誤反応，下から取る〉

図 2-2　くじら課題

「回転させずに取る」反応が，よく現れることが明らかとなった。「非安楽反応」とは，まず親指を上にした状態で容器の柄を握った後に，そこから容器を回転させて人形を取り出す反応であり，この場合，対象者は安楽でない窮屈な姿勢で運動を終えることとなる。「回転させずに取る」反応とは，親指を上にした状態でまず柄を握った後に，容器をほとんど回転させることなく，下から人形を取り出す反応である。この場合，対象者は親指を上にした安楽な姿勢で課題を終了することとなるが，この課題では容器の開口部を上に向けて人形を取ることが求められているため，ESC 効果の出現であるとは解釈されない。また，菊池ら（2021）は，課題遂行の方法を対象者に事前に観察させた場合にも，ESC 効果の出現が促されないことを報告している。

　これらの誤反応では，呈示された事物を従来の方法で掴むという反応が，まず出現している点が共通している。Stöckel & Hughes（2015）は，ESC 効果出現の発達的変化に関して，習慣的システムと目標指向的システムの拮抗関係から考察している。すなわち，発達初期においては，呈示された対象物を安楽な姿勢で掴むという習慣的システムがまず優勢なのであるが（これは第 1 章でも述べた環境依存症候群を想起させる），その後に目標指向的システムが優勢となることにより，最終目標に応じた運動計画である ESC 効果が優勢に生じるように

なるのではないかとしている。

　定型発達児において目標指向的システムが優勢となるには，安楽な姿勢につ
いての認知的表象の形成（Stöckel, Hughes, & Schack, 2011）や，認知プランニン
グのような能力の発達（Stöckel & Hughes, 2016）が関連している可能性が報告
されている。知的障害者における一連の誤反応は，こうした自らの行動を制
御するための内的な「道具」の問題であろうとすると，ここにルリヤがかつ
て見出したような，知的障害児・者がバルブ押し課題で行動を正しく制御で
きないことと同型の事態（ルリヤ，1961/1962）を見出すこととなる（しかしなが
ら，ESC 効果の未出現を特定の能力の未成熟とすることに疑問を呈する論者も当然存在
する（平田ら，2017））。だが，こうした解釈は，知的障害児・者における運動面
の特徴の一面を確かに捉えてはいるが，その一方でまた身体運動の次元から遠
ざかっていないだろうか。この点に関して，なぜ知的障害者は自らが安楽でな
いにもかかわらず，非安楽な姿勢を一貫して示すことがあるのだろうか。この
問題について，今後検討していく必要がある。

　他にも，ESC 効果のように自らが自らの複雑な身体を制御するための制約
原理として注目されるものには，「重力に頼ること」が挙げられる。これは地
球上での身体運動が常に重力の影響のもと行われているのであれば，その重力
の作用を利用することで身体制御を効率化するということである。小児の運動
を例にとるならば，「石を投げる子供は無意識的にその石の弾道の重力の作用
を勘定に入れているし，ブランコを押す子供はその運動をブランコの振動周期
によって統制する。このように身体運動の巧みさは，本能的な力学の知識に基
づいている」（ヴィオー，1946/1972）。国分（1998）は，こうした「力学的本能」
が多様な運動経験を通じて形成され，バランスの全般的な問題を示す知的障害
児・者の基底には，この力学的本能の問題が想定される可能性を指摘している。
力学的本能は，現在の運動制御理論におけるダイナミカルシステムズアプロー
チと通じるところがあるようにも思われるが，こうした観点から知的障害児・
者の運動遂行の特徴を見ようとする研究は，未だ少ない。

　さらに，身体各部位の結合の病理とでも言うべきものに，神経学的ソフトサ
インが挙げられる。神経学的ソフトサインについては，第 8 章で詳述されてい
るが，かつて知的障害児・者にこの神経学的ソフトサインが認められることは，

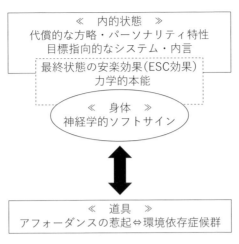

図2-3　知的障害児・者における運動行為

よく指摘されていた。しかし，こうした特徴が，知的障害児・者における様々な運動課題の成績と，どのような関係にあるのかが十分に検討されているとは未だ言い難い。こうしたより身体と密接に関わった一連の事柄についても視野を広げ，今後検討していく必要があると思われる。

第4節　おわりに

　以上，従来「問題」が指摘されることが多かった知的障害児・者における運動面の特徴に関して，領域横断的な特性と，身体それ自体を制御することから要求される事象の大きく2側面から見てきた。本章で述べた一連の事柄について，第1章で取り上げたものと共に整理したものが，図2-3である。この図はあくまでも整理のための見取り図ではあるが，こうした知的障害児・者における運動行為の特徴を総合的に明らかにするための各要因の検討を，これから進めていく必要がある。

引用文献

アッカーマン，J.（2016）．鳥！ 驚異の知能：道具をつくり，心を読み，確率を理解する．鍛原多惠子（訳）(2018)，講談社．

Almeida, G. L., Corcos, D. M., & Latash, M. L. (1994). Practice and transfer effects during fast single joint elbow movements in individuals with Down syndrome. *Physical Therapy, 74*, 1000-1016.

ベルンシュタイン，N. A.（1996）．デクステリティ：巧みさとその発達．工藤和俊（訳）(2003)，金子書房

Chevan, J., Atherton, H., Hart, M., Holland, C., Larue, B., & Kaufman, R. (2003). Nontarget- and target-oriented functional reach among older adults at risk for falls. *Journal of Geriatric Physical Therapy, 26*, 22-25.

平田正吾（2019）．DCD を伴う知的障害児の特性と支援．辻井正次・宮原資英（監修），発達性協調運動障害［DCD］：不器用さを伴う子どもの理解と支援．金子書房，160-173.

平田正吾・奥住秀之・細渕富夫・国分充（2017）．脳性麻痺の運動特性についての研究動向：運動プランニングの特徴とその病理．おおみか教育研究，*20*，35-44.

平田正吾・奥住秀之・北島善夫・細渕富夫・国分充（2013a）．知的障害児・者の運動研究小史：「Oseretsky test」と「速さと正確性のトレードオフ」を中心に．東京学芸大学紀要総合教育科学系，*64*，165-174.

平田正吾・奥住秀之・北島善夫・細渕富夫・国分充（2013b）．知的障害者における衝動型：熟慮型の認知スタイルと運動遂行に対する「ゆっくり」という教示の効果．障害者スポーツ科学，*11*，13-20.

Hirata, S., Okuzumi, H., Kitajima, Y., Hosobuchi, T., & Kokubun, M. (2013). Speed and accuracy of motor and cognitive control in children with intellectual disabilities. *International Journal of Developmental Disabilities, 59*, 168-178.

Karmiloff-Smith, A. (1998). Development itself is the key to understanding developmental disorders. *Trends in Cognitive Sciences, 2*, 389-398.

菊池優貴乃・平田正吾・奥住秀之・澤隆史（2021）．知的障害者の道具操作における観察学習：最終状態の安楽効果に着目して．東京学芸大学紀要総合教育科学系，*72*，印刷中．

菊池優貴乃・平田正吾・内田早紀・奥住秀之・国分充（2019）．知的障害における運動プランニングの特徴：課題の具体性が End-state comfort effect に及ぼす影響．東京学芸大学紀要総合教育科学系，*70*，399-407.

国分充（1998）．運動．松野豊・茂木俊彦（編），障害児心理学．全国障害者問題研究会出版部，48-65.

Kokubun, M.（1999）. Are children with Down syndrome less careful in performing a tray-carrying task than children with other types of mental retardation?. *Perceptual and Motor Skills, 88*, 1173-1176.

国分充（2009）. ヴィゴツキーと知的障害研究. 障害者問題研究, *37*, 47-54.

Latash, M. L.（2008）. *Neurophysiological basis of movement*（2nd ed.）. Human Kinetic Publishers.

ルリヤ, A. R.（1961）. 精神薄弱児の一次結合の形成と行動調整における言語の役割. 山口薫・斉藤義夫・松野豊・小林茂（訳）（1962）, 精神薄弱児. 三一書房, 157-174.

ルリヤ, A. R.（1973）. 神経心理学の基礎 第2版. 鹿島晴雄（訳）（1999）, 創造出版.

奥住秀之・池田吉史・平田正吾・前田航・國分充・葉石光一（2012）. ファンクショナル・リーチによる健常者及び知的障害者の身体平衡機能. Equilibrium Research, *71*, 170-175.

小澤勲（1998）. 痴呆老人からみた世界：老年期痴呆の精神病理. 岩崎学術出版社.

Rosenbaum, D. A.（2010）. *Human motor control*（2nd ed.）. Elsevier.

Siegler, R. S.（1998）. *Emerging minds: The process of change in children's thinking.* Oxford University Press.

Stöckel, T., & Hughes, C. M.（2015）. Effects of multiple planning constraints on the development of grasp posture planning in 6-to 10-year-old children. *Developmental Psychology, 51*, 1254-1261.

Stöckel, T., & Hughes, C. M. L.（2016）. The relation between measures of cognitive and motor functioning in 5- to 6-year old children. *Psychological Research, 80*, 543-554.

Stöckel, T., Hughes, C. M. L., & Schack, T.（2011）. Representation of grasp postures and anticipatory motor planning in children. *Psychological Research, 76*, 768-776.

ヴィオー, G.（1946）. 新訳 知能. 村上仁（訳）（1972）, 白泉社.

ヴィゴツキー, L. S.（1931）. 知的障害児の発達と補償の問題. 柴田義松・宮坂琇子（訳）（2002）, 障害児発達教育論集. 新読書社, 135-162.

Weiss, D. J., Wark, J., & Rosenbaum, D. A.（2007）. Monkey see, monkey plan, monkey do: The end-state comfort effect in cottontop tamarins（Saguinus oedipus）. *Psychological Science, 18*, 1063-1068.

Wunsch, K., Henning, A., Aschersleben, G., & Weigelt, M.（2013）. A systematic review of the end-state comfort effect in normally developing children and in children with developmental disorders. *Journal of Motor Learning & Development, 1*, 59-76.

Wunsch, K., Weiss, D. J., Schack, T., & Weigelt, M.（2015）. Second-order motor planning in children: Insights from a cup-manipulation task. *Psychological Research, 79*, 669-677.

第3章

知的障害児・者の身体バランスにおける 「運動の逆説性」と教育支援

奥住秀之

第1節　はじめに

　知的障害のある人（以下，知的障害者）は，知的機能と適応行動（技能）の障害を有するのみならず，同時に，身体運動面の困難も見られることが古くから指摘されている。たとえば，同一年齢の定型発達者よりも運動機能の低い者が多く，また個人差も顕著であること，知能指数（IQ）や精神年齢（MA）の高い者ほど運動機能が高い傾向にあること，知的障害の中でもダウン症候群のある者（以下，ダウン症者）は運動機能が顕著に低いことなどである。われわれのいくつかの研究でも，これらの指摘とおおむね一致する結果が得られている（奥住ら，2008：奥住ら，2001）。

　身体運動は複数の構成概念から形成されており（奥住ら，2009a），それらはたとえば筋力，持久力，瞬発力，柔軟性などである。身体バランスもその一つとされ，知的障害者ではとりわけこの機能が顕著に低下していると言われている。

　ところで，知的障害者の身体運動をめぐる問題の中で私が強く関心をもった現象の一つに，旧ソ連の心理学者であるワイズマン（1976/1978）らが唱えた「運動の逆説性」がある。すなわち，知的障害者は容易に実施できそうな行為に困難を示す一方で，逆に難しそうな行為については容易に成功するという現

象である。

　本節では，「運動の逆説性」に関係する知的障害者の身体バランスのトピックを2つ取り上げ，われわれの研究を引きつつ論じ，そこから導かれる教育支援の原則について考察する。なお，その内容は筆者が発表したいくつかの論考を土台としている（奥住，2019；奥住・平田，2016；奥住，2008；奥住，2005；奥住，2000）。

第2節　言語の行動調整機能と環境調整というトピック

　われわれは知的障害者の身体バランスを研究するにあたり，その古典的な課題である平均台歩きと片足立ちをまず選択した。前者は動的（dynamic），片足立ちは静的（static）という違いがあるが，両者の成績には一定の正の相関関係が見られる。しかし知的障害者の中には平均台歩きの成績は高いが片足立ちの成績が低いタイプが少なからず存在することに，われわれは関心をもった（国分・葉石・奥住，1994）。これら2つの課題の難易度を比較することは単純ではないが，一見するとより「困難」に思われる平均台の方が，「容易」に見える片足立ちよりも成績が高いことに一つの「逆説性」を見出したのである。

　平均台歩きや片足立ちは日常で普通になされる動作だが，「測定」となることで，行為者には課題の意味を理解し，行為を計画，実行することが求められる。このような合目的的な行為として身体バランスに関わる要因を考えると，大きく2つの水準が考えられる。1つは，身体バランスに直接関係する生理学的水準で，たとえば，立ち直り反射等の種々の反射，身体を支える脚の筋緊張や骨格，情報を取り込む視覚機能，前庭迷路機能，固有感覚機能などである。もう1つの水準は，課題の意味を理解し，それに従って行為を遂行する心理学的水準である。われわれは後者を，旧ソ連の神経心理学者であるルリヤがバルブ押し課題から導いた言語の行動調整機能に対応するものとして捉えた（ルリヤ，1961/1962；ルリヤ，1957/1969）。

　言語の行動調整機能に言及すると，それは単に実験参加者の指示理解や動機づけの高さではないのかという指摘を受けることがある。もちろんその側面は多分に含まれるが，しかしそれほど単純でもない。行為の計画，実行，監視，

修正などに関与する脳機能，合目的的行為の遂行と実現に関与する多水準的な心理機能として捉える必要があり，今日の認知科学において注目すべきテーマの一つである実行機能とよく重なる。

　平均台歩きの測定では，平均台という具体物がなすべき行為，すなわち，「平均台の上を落下しないで歩行する」という課題の意味を行為者に伝える。一方，単脚での持続的起立が求められる片足立ちの測定では，行為者の眼前には「床」しかなく，なすべき行為の手がかりは環境にほとんど存在しない。また，平均台は「向こう側に到達するまで歩き続ける」という課題の「終了」も示すが，片足立ちでは，「いつまで起立し続けるのか」が明らかではない。このように，環境に存在する行為の情報の違いが，両課題の顕著な成績の差を生み出したと推察したのである。

　このような考察は，環境に存在する行為の手がかりで知的障害者の身体バランスの成績が「変わる」ことを示唆している。そこで，床上で行う通常の片足立ちに加えて，片足だけがちょうど乗る程度の板台を設置して，その上にいずれかの足を置いて片足立ちを行う条件も設定した。台の存在が片足で立ち続けるという行為の情報を発信するのではないかと予測したわけであるが，はたして，行動調整機能が低いことで片足立ちの成績が低いと推測されるタイプの多くが，このアレンジにより持続時間が延長した（国分・葉石・奥住，1994）。

　さらにわれわれは，片足立ち以外の身体バランス課題でも同様の現象が生じうるかどうか，ファンクショナル・リーチ・テスト（Functional Reach Test）を用いて検討した（奥住ら，2012）。これは直立姿勢を保持したまま前方に上腕をどれだけ伸ばせるかを計測するものであり，リハビリテーション医学などで用いられている検査である。眼前に何もない条件で腕を伸ばすのが通常の条件だが，それに加えて前方に壁を設置してそこに向けて腕を伸ばす条件も設定した。その結果，通常条件では知的障害者の成績は定型発達者と比べて著しく低かったが，壁を設置した条件ではその差が劇的に小さくなった。前方の壁の存在が腕をできるだけ遠方まで伸ばすという課題の意味を伝え，また伸ばす地点の視覚的目標となったと考えられる。

　以上の成果から，知的障害者の身体バランスの教育支援について考えてみると，「環境に存在する課題の情報を操作して，なすべき行為を明瞭にする」と

いう原則を提起できる。これは，認知心理学の学習理論におけるエクスターナル・フォーカス（external focus），すなわち行為者の外界（環境）に意識を向けながら運動学習を進める方法とよく重なる。行為者自身の身体や運動に注意を向けるインターナル・フォーカス（internal focus）と比べ，初期段階の運動学習ではエクスターナル・フォーカスが有効であることが指摘されているが，身体運動面に制約の多い知的障害者の支援でもまずは有用な方法であることが示されたのである。

　さて，この教育支援の原則は，特別支援教育の実際とどのように関連しているのだろうか。平成 29 年告示（小学部および中学部）および平成 31 年告示（高等部）の特別支援学校学習指導要領の自立活動には，「健康の保持」の区分に「障害の特性の理解と生活環境の調整に関すること」という項目が新設された。『学習指導要領解説　自立活動編』（文部科学省，2018）によれば，生活環境の調整に関係することとして，「より学習や生活をしやすい環境にしていくこと」「より過ごしやすい生活環境を整える力を身に付ける」ことと記されている。提起した教育支援の原則と親和性が高いとみることができるのではないか。

第 3 節　ダウン症者の身体動揺量の「小ささ」というトピック

　身体バランスを客観的・定量的に検討する手法の一つに身体動揺（重心動揺）の測定がある。人は直立姿勢を保持するとき常に微細な身体動揺を繰り返しているのだが，この揺れを計測し分析するものである。参加者の負担は少ないが客観的・定量的データが得られるため，めまい平衡医学やリハビリテーション医学などの臨床医学で幅広く用いられている。基本的な分析指標は一定時間の動揺の大きさ（動揺量）であり，動揺量が小さいほど身体バランス機能が高いと解釈される。動揺量の変動は年齢変化でみるとわかりやすく，幼少期から成人期にかけての身体バランスが発達する時期に動揺量は減少し，その後高齢化と共に再び増大するという U 字曲線を描く（Okuzumi et al, 2000；Okuzumi, Tanaka, & Nakamura, 1996；Okuzumi, Haishi, & Kokubun, 1994）。また，開眼条件と閉眼（遮眼）条件の動揺量の比較を通して，身体バランスに関わる視覚系や前庭迷路系の役割なども検討されてきている（奥住ら，1995；奥住ら，1996；奥

住ら，1999）。

　われわれは知的障害者の身体動揺に関する研究を実施する中で，ダウン症者とダウン症でない知的障害者の動揺量が異なることを発見した。すなわち，ダウン症者の動揺量は他の知的障害者よりも小さく（Okuzumi, Haishi, & Kokubun, 1994），この現象は言語の行動調整機能の影響を統計的に除去してもなお認められた（奥住，1997）。

　動揺量が小さいことを一般的評価に照らすと，ダウン症者の身体バランスに顕著な制約がないことになる。しかし，ダウン症者は知的障害の中でもとりわけ身体バランスの機能が低いという伝統的な理解があり，われわれの研究でも，歩行速度（奥住ら，2008），ステッピング時の頭部動揺（Okuzumi, Tanaka, & Haishi, 1997），平均台歩きや片足立ち（奥住ら，2009b）などからそれを裏付ける知見を得ている。片足立ちと身体動揺の測定はどちらも同一姿勢を一定時間保持する課題であり，一般的には両者の成績は高い相関を示すはずである。ダウン症者では身体バランス機能が低いとされるはずなのに，なぜ動揺量が小さいのだろうか。この現象もまた「運動の逆説性」なのではないだろうか。

　2つの解釈をしてみよう。1つは身体動揺の測定自体に内包する問題で，動揺量が小さいと身体バランス機能が高いという評価が一義的に成立するのかどうかということである。このことは実は「身体動揺は身体バランスの指標たりうるか」というこの測定が背負っている本質的命題なのだが，本節の主題とずれるため，これ以上の議論は割愛する（奥住，2000で論じたので参照されたい）。

　もう1つの解釈は，身体動揺の測定と片足立ちはいずれも静的バランスの測定ではあるが，前者が両足での起立であるのに対し，後者が文字通り片足での起立であることへの注目である。

　両足立ちと片足立ち，両者の違いを端的に述べるならば，姿勢の物理的不安定さである。両足立ちと比較して支持面積が半減する片足立ちでは，転倒の危険性は当然高くなる。ダウン症者の多くは，筋緊張低下，屈折異常や視野狭窄などの視覚機能障害など，運動コントロールに影響する多くの生理学的制約を有している。不安定な姿勢になるほど転倒の危険性も高い。その結果，実際にはまだもう少し長時間片足で立ち続けられるにもかかわらず，その危険性の高さに配慮して安全性を優先させるため，挙げている脚を早めに床に下ろしてし

まうとは考えられないだろうか。

　この一見乱暴な推察は，ラムダ（λ）モデルという運動制御モデルを提唱した運動生理学者のラタッシュの知見を根拠としている。すなわち，ダウン症者には decision-making の遅れがあるために安全（safety）に実行できる水準で運動する。その結果，ダウン症者の運動は全般的に緩慢になるという理論である（Latash, 2008）。運動の速さと正確性がトレードオフの関係にあるという心理学の古典的法則があるが（奥住・国分・島田，2007），これを敷衍してダウン症者の片足立ちの現象を次のように解釈してみる。すなわち，挙上している足を短時間で床に下ろして両足立ちに戻してしまうのは，身体バランスや筋力などの生理学的要因の機能の低さと合わせて，「頑張ればもう少し長く起立できる」という可能性を放棄してでも「安全性」を重視する戦略を選択するからという解釈である。そして，この行動特性は，本書第2章で平田が論じている通り，ダウン症に限らず知的障害一般を視野に入れて考えるべきことなのだろう。

　以上から，知的障害者の身体バランスの教育支援の原則を考えると，「運動の『強さ』や『速さ』だけではなく，『安全性』や『正確性』の水準まで視野に入れた自己の特性理解とそれに応じた行為選択」と提起できる。そしてここでも先に見た自立活動の「健康の保持」の区分にある「障害の特性の理解と生活環境の調整に関すること」の項目と関連する。『学習指導要領解説　自立活動編』によれば，「自己の障害にどのような特性があるのかを理解し，それらが及ぼす学習上又は生活上の困難についての理解を深め」と記されている。提起した原則とよく重なっているのではないだろうか。

第4節　まとめにかえて ── 行為の支援を考えたとき

　知的障害者の身体バランスが定型発達者とは異なるありようを示すとき，それは知的障害者の機能の「低さ」であるとみなすのが知的障害研究の伝統的解釈だった。そしてこのことは，身体バランスや運動行為だけに留まるものでなく，認知機能全般に対しても同じであった。

　「運動の逆説性」は，この見方を改めるきわめて重要な視点になると思う。すなわち，定型発達者と知的障害者の行為の違いは，「機能の高低」ではなく

「行為の多様性」が背景にあり，だからこそそれぞれのもつ行為の「価値」は対等であるという一つの「認識論的切断（断絶）」になるのではないかということである。

　さらにこの新たな視座は，知的障害者の支援の方向性を再考する上でも重要となる。従来は，知的障害者には定型発達者と「同様の」行為が要求され，ゆえに，支援の目的は定型発達者の水準に「近づける」ことだったのではないか。しかし，「行為の多様性」「行為の対等性」という視座に立つならば，支援の目的は知的障害者の行為を「修正して」，定型発達者に「近づける」ことではない。知的障害者一人ひとりの「ありのままの」行為に価値を見出し，その行為が当たり前に尊重される社会へと転換していくこと，そしてそのような社会に成熟していくこと。それこそが支援の目的になるのではないかと考えるのである。

引用文献

国分充・葉石光一・奥住秀之（1994）．知能障害学童及び成人のバランス運動と行動調整能力．特殊教育学研究，*31*，27-35.

Latash, M. L. (2008). *Neurophysiological basis of movement* (2nd ed.). Human Kinetic Publishers.

ルリヤ，A. R.（1957）．随意運動の発生．松野豊・関口昇（訳）（1969），言語と精神発達．明治図書，139-171.

ルリヤ，A. R.（1961）．精神薄弱児の一次結合の形成と行動調整における言語の役割．山口薫・斉藤義夫・松野豊・小林茂（訳）（1962），精神薄弱児．三一書房，157-174.

文部科学省（2018）．特別支援学校教育要領・学習指導要領解説　自立活動編（幼稚部・小学部・中学部）.

奥住秀之（1997）．知的障害者の身体動揺量に係わる要因の分析．発達障害研究，*19*，227-234.

奥住秀之（2000）．知的障害者の身体動揺に関する研究の概要と課題．特殊教育学研究，*37*，99-104.

奥住秀之（2005）．知的障害者の運動行為の問題．発達障害研究，*27*，13-19.

奥住秀之（2008）．発達障害領域における実験心理学的研究．発達障害研究，*30*，298-302.

奥住秀之（2012）．知的障害者の運動機能の制約とその支援．障害者問題研究，*40*，10-17.

奥住秀之（2019）．知的発達障害の心理学研究の今後．北洋輔・平田正吾（編），発達障害の心理学：特別支援教育を支えるエビデンス．福村出版，57-62.

奥住秀之・古名丈人・西澤哲・杉浦美穂（1999）．地域在住高齢者の身体動揺コントロールにおける視覚情報の効果：開眼及び閉眼時の身体動揺量の比と差の検討．Equilibrium Research, *58*, 640-644.

Okuzumi, H., Furuna, T., Nishizawa, S., Sugiura, M.（2000）. Relationship between magnitude of body sway and basic motor ability in community-dwelling older persons. *Journal of Human Movement Studies*, *39*, 193-203.

Okuzumi, H., Haishi, K., & Kokubun, M.（1994）. Postural sway in normal and mentally retarded persons. In K. Yabe, K. Kusano, & H. Nakata（Eds.）, *Adapted Physical Activity*. Tokyo: Springer Verlag, 142-146.

奥住秀之・葉石光一・田中敦士. 国分充（1995）．バランス運動と身体動揺による聴覚障害児・者の身体平衡機能の特徴．Equilibrium Research, *54*, 519-524.

奥住秀之・葉石光一・田中敦士・国分充（1996）．身体動揺コントロールにおける中心視及び周辺視情報の効果．Equilibrium Research, *55*, 475-479.

奥住秀之・平田正吾（2016）．発達障害児・者における運動と感覚の諸問題．SNE ジャーナル, *22*, 7-21.

奥住秀之・池田吉史・平田正吾・前田航・国分充・葉石光一（2012）．ファンクショナル・リーチによる健常者及び知的障害者の身体平衡機能．Equilibrium Research, *71*, 170-175.

奥住秀之・国分充・平田正吾・葉石光一・田中敦士・北島善夫（2009a）．知的障害者の運動能力モデルとそれに関連する属性変数．障害者スポーツ科学, *7*, 47-53.

奥住秀之・国分充・平田正吾・田中敦士・葉石光一・北島善夫（2009b）．知的障害者における片足立ちと平均台歩きに関わる要因の検討．Equilibrium Research, *68*, 62-67.

奥住秀之・国分充・平田正吾・田中敦士・葉石光一・牛山道雄・橋本真規・北島善夫（2008）．知的障害者の歩行速度に関わる要因の検討．Equilibrium Research, *67*, 200-204.

奥住秀之・国分充・島田恭子（2007）．児童の道具操作における速度・正確性トレードオフの発達変化：なぞり書き，紙，シール貼りの３つの課題から．Anthropological Science, *115*, 37-40.

Okuzumi, H., Tanaka, A., & Haishi, K.（1997）. Relationship between age and head movement during stepping in place in non-handicapped persons and persons with mental retardation. *Perceptual and Motor Skills*, *85*, 375-381.

Okuzumi, H., Tanaka, A., & Nakamura, T.（1996）. Age-related changes in the magnitude of postural sway in healthy women. *Journal of Human Movement Studies, 31,* 249-261.

奥住秀之・牛山道雄・葉石光一・田中敦士 (2001). 7 つの課題からみた知的障害者の身体運動能力. Anthropological Science, *108,* 91-99.

ワイズマン, N. P. (1976). ちえ遅れの子の運動機能と脳. 茂木俊彦 (訳) (1978). ミネルヴァ書房.

第4章

知的障害児・者の反応時間の
個人内変動と運動機能

葉石光一

第1節　知的障害と運動機能

　運動機能の問題は知的障害の定義を構成する要素ではないが，知的障害児・者に運動機能の問題がみられることは古くから指摘されてきた。たとえば，知的障害児教育の開拓者・確立者として知られるセガンは，知的障害児の運動に関して「常人と同じ運動機能があるとしても，意志の制御を受けないために，それは多かれ少なかれ運動をまとまりのない，ぎくしゃくした，発作的の，あるいは不随意的なものにしてしまう」（セガン，1971/1973: 42）と記している。これは知的障害児にみられる運動面の問題が，身体構造上の問題による脳性麻痺等と異なり，意識的なコントロールという心理学的問題の影響を少なからず受けていることを指摘するものである。セガンは運動機能の問題を，「その直接の影響として，力の発達が妨げられ，その結果として，知識を得るための器具に手を出すこともできなくなる」（セガン，1971/1973: 79）というように知的発達の基盤に関わるものと意味づけており，知的障害児にとってそれは「最もいたましい」と評している。その後の研究においても知的障害と運動機能の問題はそれなりに意識され続け，蓄積をみてきた（これについては，たとえば，Bruininks, 1974；国分，1989；Newell, 1997；平田ら，2013；Maïano, Hue, & April, 2019 等が詳しい）。

本稿では知的障害児・者の運動機能にみられる特徴のうち，反応時間の個人内変動（intraindividual variability）の大きさ，つまり不安定な様子に着目する。知的障害児・者の運動機能に大きな個人内変動がみられることは，実験研究等において経験的によく知られる事柄の一つであるが，この点に主眼を置いた研究はあまりみられない。これは知的障害児・者を対象とした研究に限ったことではない。心理学的研究の関心の対象である何らかのパフォーマンスを評価する際，主要な分析項目となるのはその平均的水準であり，短い時間間隔で生じるパフォーマンスの個人内変動はノイズやエラー（Williams et al., 2005）とみなされ，あまり関心を寄せられてこなかったことによる。しかし近年，パフォーマンスの個人内変動と認知機能の関連に注目が向けられるようになり，筆者もこの点に関心を向けた研究をいくつか行ってきた。本稿では運動機能の個人内変動の意味を，反応時間に関する近年の認知心理学的研究の視点を含めて概観するとともに，運動機能の個人内変動に着目することによって得られる知的障害児・者の運動機能の捉え方と，支援の方向性について述べる。

第2節　反応時間の個人内変動の意味

■ 反応時間の速さと知能

　これまでに反応時間と知能との関連が数多く調べられてきた。その成果として，平均値や中央値といった代表値（central tendency）で表される反応時間の速さが一般知能と強い相関をもつ（Jensen, 1993；Schubert, 2019）ことが明らかにされてきた。具体的には，知能が高い場合，反応時間は短くなる傾向がある。これは定型発達児・者における研究だけでなく，定型発達児・者と知的障害児・者を対象とした比較研究においても確かめられており，複雑な認知処理を含まない単純反応時間においてすら，生活年齢（Van Biesen et al., 2017）や精神年齢（雨宮, 1982；雨宮, 1985）を一致させた定型発達児・者と比較して知的障害児・者の反応時間は遅いとされている。また知的障害児・者内で知的機能の異なる群間の比較を行った研究においても，精神年齢と反応時間の間に負の相関がみられることが報告されている（Ellis & Sloan, 1957；Pascal, 1953）。反応時間と知能との関連については，このような反応時間の速さと知能との関連に

注目が集まりやすい。しかし最近では，反応時間のばらつきと知能との関連に対しても関心が向けられるようになってきた。

② 反応時間の個人内変動と知能

(1) 反応時間の個人内変動

反応時間の測定を繰り返したとき，その値は常に一定ということはなく，ばらつき，すなわち個人内変動が生じる。ばらつきを示す散布度の統計量としては標準偏差がよく用いられるが，反応時間の平均値などと同じく標準偏差もまた知能と関連することが知られている（Jensen, 2006）。具体的には，知能が高い場合，反応時間は比較的一定しており，標準偏差は小さくなる傾向にある。一方，知的障害児・者では定型発達児・者よりも反応時間が安定せず，標準偏差は大きい。

ここで反応時間の特徴を，反応時間の分布の様相から具体的にみてみる。反応時間の分布は，図4-1に示したように正規分布が正方向に長く尾をひいた歪んだ形となる（Baumeister & Kellas, 1968）ことがよく知られている。この分布の特徴について定型発達児・者と知的障害児・者を比較すると，分布の基本的

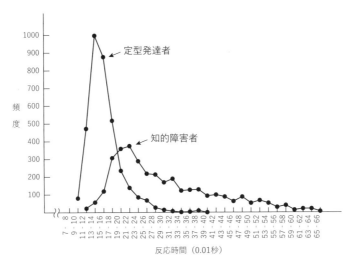

図4-1　定型発達者と知的障害者の反応時間分布
（Baumeister & Kellas, 1968）

な形の点で両者に大きな違いはみられない。また分布の山のピークである最頻値にも，両者の間には平均値でみるほどの差はない。知的障害児・者の反応時間分布の特徴は分布の広がりと歪みが著しい点にある。最頻値から離れた，分布の右の裾野の厚みとなって表される長い反応時間の出現頻度の高さが知的障害児・者の特徴である。こういったことから Baumeister & Kellas（1968）は，パフォーマンスを最高の水準に維持することに知的障害児・者の困難の本質があるとしている。反応時間の研究に限らず，平均的なパフォーマンスから隔たりの大きな測定値は，測定上，意味のない値とみなされる傾向にある。しかし「特に精神遅滞との関連において変動性を考慮することには，パフォーマンスの水準を捉えることと同じように論理的妥当性がある」（Baumeister & Kellas, 1968: 185）という言葉にみられるように，Baumeister らはこのような見方にとらわれず，平均からの隔たりが大きな測定値に意味を見出していた。彼らは，反応時間の分布を質的に異なる2つの母集団——つまり変動が小さい基礎的分布と，注意と動機づけのゆらぎに敏感な，変動が大きい分布——から成るものとみていた。Baumeister らが注目した知的障害児・者の反応時間の不安定さは，知的障害児・者の運動に関してセガンが残した記述にみられる，「運動の行為としてのまとまりの問題の表れ」の一つとみることができる。

(2) 反応時間のワースト・パフォーマンス・ルール

　知的障害児・者の反応時間にみられる，最頻値から乖離した長い反応に意味があるという指摘は現在，ワースト・パフォーマンス・ルールとして知られる現象によって支持されている。図4-2 に示したように，反応時間を速いものから遅いものへと並べ，いくつかの階級に分けて反応時間と知能との関連を調べると，知能を最もよく予測するのは速い反応や平均的な反応ではなく，遅い反応，つまりワースト・パフォーマンスである（Coyle, 2003；Schubert, 2019）ことがわかっている。Baumeister & Kellas（1968）は，このワースト・パフォーマンス・ルールと一致するデータの最初の報告とされている（Coyle, 2003）。知能検査等の心理検査では，すべてではないものの課題を速く処理できることが高い得点，高い知能指数につながる。ワースト・パフォーマンス・ルールは情報処理の速さ，反応の素早さが知能の高さと強く結びつくという一般的な印象からすると違和感があるかもしれないが，素早い反応と知能の高さとの関連を

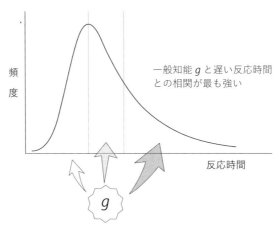

頻度

一般知能 *g* と遅い反応時間
との相関が最も強い

反応時間

g

図4-2　反応時間と知能のワースト・パフォーマンス・ルール

否定するものではない。知能と反応時間のこの関係は"not-best performance rule"と呼んだ方がいいかもしれない（Schubert, 2019）という指摘があるように，両者のより強い結びつきは「速い反応ではなく」，遅い反応との間にあることを指摘するものである。ワースト・パフォーマンス・ルールの理論的説明の一つは，知的機能が低い場合，注意の一時的な逸脱が起こりやすく，それによってワーキングメモリ内の目標の維持に混乱が生じる（Schmiedek et al., 2007；Schubert, 2019）というものである。これは，反応時間分布の右裾の厚みを注意と動機づけのゆらぎに関連して生じるものとみていた Baumeister & Kellas（1968）の考え方と基本的に同様である。

　このような考え方を裏付ける知見が，反応時間分布と認知機能の関連を調べた研究によって得られている。正方向に尾を引く，歪んだ反応時間分布の分析によく用いられる方法の一つに，指数分布と正規（ガウス）分布を合成した指数 − ガウス（ex-Gaussian）分布（図4-3）への当てはめによる分析（指数 − ガウス分析）がある。指数 − ガウス分布は，正規分布の平均値 μ と標準偏差 σ，および指数分布の平均値 τ で表され，μ と σ は分布のピーク位置とその近傍の広がり具合を，τ は分布の右の裾野の長さを反映する。指数 − ガウス分布を特徴づけるこれらの指標と認知機能との関連を調べると，μ の値は刺激駆動型処理と関連し，τ の大きさは注意への負荷が大きい概念駆動型処理（Balota & Spieler,

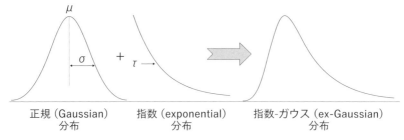

図 4-3　指数 – ガウス（ex-Gaussian）分布の合成のイメージと分析のパラメータ

1999；Burnham, 2013)，あるいは実行機能（Unsworth et al., 2010；Vasquez, Binns, & Anderson, 2018) と関連することがわかっている。思考や行動，情動を目標達成に向けて意識的に制御する認知過程（Zelazo & Carlson, 2012) である実行機能に知的障害児・者が問題をもつこと（Bexkens et al., 2014；Lifshitz, Kilberg, & Vakil, 2016；Willner et al., 2010) は近年，数多く報告されているところであり，これが反応時間分布の右の裾野の長さや厚みと結びついていると考えられる。

第3節　知的障害児・者の運動機能と支援

１ 知的障害児・者の反応時間と認知機能

　ここまで知的障害児・者の反応時間の特徴は，速いものと遅いものの混在が顕著である点にあることをみてきた。定型発達児・者とそれほど変わらない運動機能があったとしても，安定した課題遂行を維持することに難しさがある。これは目標志向的な認知や行動を支える実行機能の問題によるものと考えられ，もっている能力が結果として低く見積もられることにつながっている。知的障害児・者の反応時間のこういった様相は，筆者らの研究（Haishi, Okuzumi, & Kokubun, 2011) においても確認されている。図 4-4 は共分散構造分析により反応時間と認知機能の関連を調べた結果であり，SRTM は眼球運動反応時間の平均値，SRTSD は標準偏差，MIT は実行機能を測定するのに用いた MI（motor impersistence：動作の持続困難）テストの得点である。反応時間の平均値

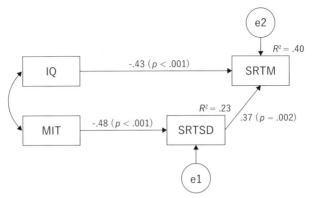

IQ：知能指数／ MIT：motor impersistence テストの得点
SRTM, SRTSD：眼球運動反応時間の平均値と標準偏差

図 4-4　知的障害児・者の眼球運動反応時間と認知機能
（Haishi, Okuzumi, & Kokubun, 2011）

は知能指数から直接的な影響を受けるとともに，実行機能と負の相関をもつ標準偏差からも間接的な影響を受けていた。これは基本的に知能指数の高さが運動の速さとして表れるが，目標指向的な認知や行動を支える実行機能が低いと平均的パフォーマンスの水準を低下させてしまうことを示している。

2 知的障害児・者の反応時間特性と手作業の効率

　心理学研究において非常にありふれた反応時間の速さと安定性の 2 側面に着目してここまで話を進めてきた。次に，これらの特性がまとまりとしての運動の成果に対して，具体的にどのように影響するのかをみてみる。

　筆者らは知的障害児・者の反応時間に関する速さと安定性の特性と，簡単な手作業の効率との関連を検討した（葉石ら，2016）。反応時間については，コンピュータの画面上に現れるターゲットに指で素早く触れるという課題で測定を行い，指数 - ガウス分析によって μ と τ を算出した。手作業については打叩度数計（竹井機器工業製 T.K.K.134）のカウンタに接続されたレバーを手で操作し，20 秒間にできるだけ多く上下に動かすタッピング課題によって測定した。20 秒間に実行できた上下動の総数を，作業効率を示す指標として算出した。指数 - ガウス分析によって得られた反応時間分布の μ と τ の値を中央値で分け，組

表 4-1　反応時間分布の μ と τ で分類した群とその特徴

群	特徴	
速・安定群	反応が速く安定	μ , τ ＜中央値
速・不安定群	反応は速いが不安定	μ ＜中央値　τ ＞中央値
遅・安定群	反応は遅いが安定	μ ＞中央値　τ ＜中央値
遅・不安定群	反応が遅く不安定	μ , τ ＞中央値

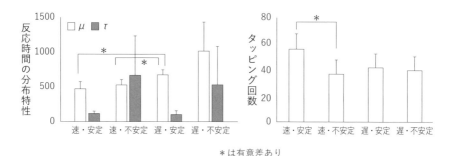

＊は有意差あり

図 4-5　4 群の反応時間の分布特性（μ , τ）とタッピング回数
（葉石ら，2016 に基づいて筆者が作成）

み合わせてできる①速・安定群，②速・不安定群，③遅・安定群，④遅・不安定群（表 4-1）に分けて分析を行った。

　図 4-5 は結果をまとめたものであり，左に各群の μ と τ の値を，右に各群のタッピング回数を示した。この研究で関心があったのは，作業効率にとって μ で表される反応の速さが重要なのか，τ で表される反応の安定性が重要なのかである。これを速い反応が多数を占めるものの，遅い反応の混在も多く不安定な速・不安定群と，対照的に遅い反応が多くを占めるが反応が安定している遅・安定群を比較することで調べた。20 秒間のタッピング回数の平均値をみると，速・不安定群の成績は μ の値に大きな差がない速・安定群よりも有意に低く，さらに統計的に有意ではなかったものの遅・安定群よりも低かった。これは速・不安定群の μ に表れている反応の速さのアドバンテージが，持続的な作業場面では反応の不安定さによって失われてしまう可能性があることを示している。

　この研究は対象者の数が少なく統制も十分ではない予備的なものである。ま

た作業の内容や持続時間を操作することで作業効率がどのように変化するかなど，検討すべきことは多い。しかし目的をもったまとまりのある行為と，反応時間の個人内変動との直接的な結びつきを具体的に示しえた点で意味があると考えている。

❸ 知的障害児・者の運動機能支援

本稿では，比較的古くから蓄積がある反応時間の研究から知的障害児・者の運動機能の特徴をみてきた。反応時間の分布は，一般に正規分布を正方向に歪めた形をとる。最頻値近傍の分布と右に尾を引く裾野に特徴があり，右の裾野部分の反応には注意や実行機能が関与していると考えられている。図 4-1 に示したように，この裾野が定型発達児・者よりも長く厚い，つまり注意や実行機能のコントロールがうまく働かないことによる低いパフォーマンスが多くみられる点に知的障害児・者の特徴がある。ただ知的障害児・者には基本的に身体構造上の明らかな障害がないことから，この裾野部分のパフォーマンスを変化させることは可能なのではないかと考えられる。

図 4-6 は反応時間の分布をもとにそのイメージを図示したものであり，横軸は運動パフォーマンスである。右の裾野部分を減らし，能力の範囲内で可能な限り高い水準に引き上げることができれば，発揮される力の分布は結果として改善されていく。パフォーマンスの最高の水準をねらってそれを高めることは，現在の能力を越えようとする試みであり，簡単なことではない。しかし運動の実行制御に関わる心理過程のゆらぎに由来するパフォーマンスの変動を抑制することは，能力の範囲におけるチャレンジであり，可能性がある。知的障害児・者の運動機能の研究において，行動を方向づける物や目標を設定することが成績の上昇につながることを示した研究がある（たとえば Kokubun, 1999；国分・葉石・奥住，1994）。これらは参加者のパフォーマンスの最高水準を引き上げたというのではなく，求められている運動を直感的に理解できる，あるいは具体的な見通しをもつことができるように工夫することで，もっている力を十全に引き出した結果である。能力の最高水準の向上は，不安定なパフォーマンスを安定化，精緻化させていく経験の中で徐々に進んでいくものと思われる。

知的障害児・者の運動機能を安定化させる方法には環境や手続きの構造化な

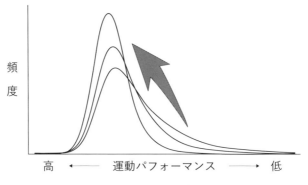

図 4-6　運動パフォーマンスの改善の方向性のイメージ

ど多くのものが考えられるが，他者存在の効果を利用する方法もその一つとなりうる。他者が身近にいることで人や動物の行動は促進，あるいは抑制されるが，これを社会的促進・抑制効果という（Belletier, Normand, & Huguet, 2019）。他者存在には，ただ近くにいるだけの場合（聴衆事態）と行動を共にする場合（共行為事態）があるが，筆者らは知的障害児・者を対象として，これまでのところ共行為事態での手作業の個人内変動の低下と作業効率の上昇を確認している（葉石・池田・大庭，2020）。学校教育の場面でいえば，共行為事態とは作業学習などで児童生徒が集まり，作業を共にしている状況であろうか。学校教育の場面では児童生徒の集団を活動の基盤としているものの，そこには学びを促す有効な手段として児童生徒同士の関係性を積極的に活用する余地がまだ多くあるように思われる。心理機能の発達は，大人などとの共同活動に支えられてそれがようやく成立する精神間機能と呼ばれる状態から出発する（ヴィゴツキー，1970）と言われている。このことを考慮すれば，他者に触発されて何か行動を起こす人の特性は，学習場面での自然な導入過程としてもっと注目されていいように思われる。

　筆者はある特別支援学校で次のような場面を目にしたことがある。休み時間であり生徒の多くは職員室からタブレット端末を借りてゲームで遊んでいた。しかし一人だけゲームをせず，自分の席で体を揺らしながら気持ち良さそうに歌っている生徒がいた。休み時間が終わりに近づくとゲームをしていた生徒た

ちは，タブレット端末を職員室へ返すために一斉に教室から走り出た。そのとき，歌っていた生徒も慌てたように，しかしやや訳もわからず他の生徒の後をついて教室から出ていった。

　クラスの生徒同士の関係は非常によく，歌っていた生徒の行動はそういった関係性に基づいて生じたように思われたが，その生徒は職員室に何も用はなかった。よく考えれば意味のない行動を周囲の他者に誘発されて起こしてしまうほど，他者の行動に注意を惹きつけられてしまうところが我々にはある。一方で行為を方向づける目的が共有，認識されていない場合，うまく行為が動機づけられず，安定した持続は期待しにくい。そういった点に留意し，他者と刺激し合いながら自然と力を伸ばしていけるような環境の整備や状況づくり，目的の共有に必要な方法を科学的に検討する必要がある。

引用文献

雨宮政（1982）．MAマッチされた精神遅滞児と普通児の単純反応時間の分析：試行間間隔を変数とした検討．心理学研究，*53*，193-199.

雨宮政（1985）．精神遅滞児の単純反応時間，選択反応時間の分析．教育心理学研究，*33*，273-277.

Balota, D. A., & Spieler, D. H.（1999）. Word frequency, repetition, and lexicality effects in word recognition tasks: Beyond measures of central tendency. *Journal of Experimental Psychology: General, 128*, 32-55.

Baumeister, A. A., & Kellas, G.（1968）. Reaction time and mental retardation. *International Review of Research in Mental Retardation, 3*, 163-193.

Belletier, C., Normand, A., & Huguet, P.（2019）. Social-facilitation-and-impairment effects: From motivation to cognition and the social brain. *Current Directions in Psychological Science, 28*, 1-6.

Bexkens, A., Ruzzano, L., Collot d'Escury-Koenigs, A. M. L., Van der Molen, M. W., & Huizenga, H. M.（2014）. Inhibition deficits in individuals with intellectual disability: A meta-regression analysis. *Journal of Intellectual Disability Research, 58*, 3-16.

Bruininks, R. H.（1974）. Physical and motor development of retarded person. *International Review of Research in Mental Retardation, 7*, 209-226.

Burnham, B. R.（2013）. Using response time distributions to examine top-down influences on attentional capture. *Attention, Perception, & Psychophysics, 75*, 257-277.

Coyle, T. R. (2003). A review of the worst performance rule: Evidence, theory, and alternative hypotheses. *Intelligence, 31*, 567-587.

Ellis, N. R., & Sloan, W. (1957). Relationship between intelligence and simple reaction time in mental defectives. *Perceptual and Motor Skills, 7*, 65-67.

葉石光一・池田吉史・大庭重治 (2020). 知的障害児・者における手作業の速さおよび変動性に対する社会的促進効果. 上越教育大学特別支援教育実践研究センター紀要, *26*, 1-6.

葉石光一・池田吉史・大庭重治・八島猛・勝二博亮・岡崎慎治・奥住秀之・國分充 (2016). 知的障害者の反応時間特性の分析および手作業の効率性向上に向けた支援実践上の観点. 上越教育大学特別支援教育実践研究センター紀要, *22*, 19-22.

Haishi, K., Okuzumi, H., & Kokubun, M. (2011). Effects of age, intelligence and executive control function on saccadic reaction time in persons with intellectual disabilities. *Research in Developmental Disabilities, 32*, 2644-2650.

平田正吾・奥住秀之・北島善夫・細渕富夫・国分充 (2013). 知的障害児・者の運動研究小史:「Oseretsky test」と「速さと正確性のトレードオフ」を中心に. 東京学芸大学紀要総合教育科学系, *64*, 165-174.

Jensen, A. R. (1993). Why is reaction time correlated with psychometric g? *Current Directions in Psychological Science, 2*, 53-56.

Jensen, A. R. (2006). *Clocking the mind: Mental chronometry and individual differences.* Amsterdam, Netherlands: Elsevier.

国分充 (1989). 1930年代, 40年代の精神薄弱者の運動機能に関する研究:Research Department of Vineland Training School の研究. 東北大学教育学部研究年報, *37*, 137-160.

Kokubun, M. (1999). The relationship between the effect of setting a goal on standing broad jump performance and behaviour regulation ability in children with intellectual disability. *Journal of Intellectual Disability Research, 43*, 13-18.

国分充・葉石光一・奥住秀之 (1994). 知能障害学童及び成人のバランス運動と行動調整能力. 特殊教育学研究, *31*, 27-35.

Lifshitz, H., Kilberg, E., & Vakil, E. (2016). Working memory studies among individuals with intellectual disability: An integrative research review. *Research in Developmental Disabilities, 59*, 147-165.

Maïano, C., Hue, O., & April, J. (2019). Effects of motor skill interventions on fundamental movement skills in children and adolescents with intellectual disabilities: A systematic review. *Journal of Intellectual Disability Research, 63*, 1163-1179.

Newell, K. M. (1997). Motor skills and mental retardation. In W. E. MacLean, Jr. (Ed.), *Ellis' Handbook of Mental Deficiency, Psychological Theory and Research* (3rd ed.), New York: Routledge, 275-308.

Pascal, G. R. (1953). The effect of a disturbing noise on the reaction time of mental defectives. *American Journal of Mental Deficiency, 57,* 691-699.

Schmiedek, F., Oberauer, K., Wilhelm, O., Sus, H.-M., & Wittmann, W. W. (2007). Individual differences in components of reaction time distributions and their relations to working memory and intelligence. *Journal of Experimental Psychology: General, 136,* 414-429.

Schubert, A.-L. (2019). A meta-analysis of the worst performance rule. *Intelligence, 73,* 88-100.

セガン，E.（1971）．障害児の治療と教育：精神薄弱とその生理学的治療．薬師川虹一（訳）（1973），ミネルヴァ書房．

Unsworth, N., Redick, T. S., Lakey, C. E., & Young, D. L. (2010). Lapses in sustained attention and their relation to executive control and fluid abilities: An individual differences investigation. *Intelligence, 38,* 111-122.

Van Biesen, D., McCulloch, K., Janssens, L., & Vanlandewijck, Y. C. (2017). The relation between intelligence and reaction time in tasks with increasing cognitive load among athletes with intellectual impairment. *Intelligence, 64,* 45-51.

Vasquez, B. P., Binns, M. A., & Anderson, N. D. (2018). Response time consistency is an indicator of executive control rather than global cognitive ability. *Journal of the International Neuropsychological Society, 24,* 456-465.

ヴィゴツキー，L. S.（1970）．精神発達の理論．柴田義松（訳），明治図書.

Williams, B. R., Hultsch, D. F., Strauss, E. H., Hunter, M. A., & Tannock, R. (2005). Inconsistency in reaction time across the life span. *Neuropsychology, 19,* 88-96.

Willner, P., Bailey, R., Parry, R., & Dymond, S. (2010). Evaluation of executive functioning in people with intellectual disabilities. *Journal of Intellectual Disability Research, 54,* 366-379.

Zelazo, P. D., & Carlson, S. M. (2012). Hot and cool executive function in childhood and adolescence: Development and plasticity. *Child Development Perspectives, 6,* 354-360.

第5章

知的障害児・者の記憶

大井雄平

第1節　はじめに

　記憶への関心は，古くはプラトンやアリストテレスによる思索から，もっと身近な例——たとえば，自分自身の忘れっぽさに対する嘆きや，旧友と交わす（時に飾られた）思い出ばなし——に至るまで，時代や場所を問わず寄せられてきた。記憶という心のはたらきは，いつも私たちのそばにあり，人生を健やかに送るために欠かすことのできないものである。

　障害のある人，とりわけ，知的障害のある人の記憶について，考えたことがあるだろうか。知的障害のある人と共に過ごしている人は，彼らの記憶にまつわる問題を実感したことがあるかもしれない。あるいは，かつて一緒に経験した出来事を彼らはどのように覚えているのだろうか，と思いを馳せたことがある人もいるかもしれない。

　知的障害は知的機能と適応行動の制約に特徴づけられる神経発達障害であるが，その両方の制約に記憶は関わりがある。「知的障害とは，記憶，推理，判断などの知的機能の発達に有意な遅れがみられ，社会生活などへの適応が難しい状態」と文部科学省が定めているように，様々な知的機能の中でも，記憶は知的障害において制約される代表的なものの一つとみなされている。また，私たちの日々の生活を思い起こせばわかる通り，記憶は適応行動に重要な役割を

71

果たしているが，知的障害児・者における適応行動の制約にも，記憶は関連している（Edgin, Pennington, & Mervis, 2010）。

　記憶は，知的障害という障害にとって重要であり，知的障害研究における関心事であり続けてきた。知的障害の記憶は未だ明らかとなっていないことも多いが，これまでの研究知見やその捉え方を理解しておくことは，今後の研究を進めていく上でも，知的障害児・者への支援をより充実したものとしていく上でも有意義だろう。本章では，心理学的概念としての記憶（特に，ワーキングメモリ）について解説し，知的障害研究における知見を紹介する。

第2節　行為を支える記憶

■1 様々な記憶

　一口に記憶と言っても，その種類には様々ある。記憶は単一のシステムではないという見方は根強く，研究領域によって分け方にいくらかの違いはあるが，特定の観点に基づいた記憶の分類がなされている。

　心理学領域における記憶の分類の一つは，情報の保持時間に基づいたものである。この分類の下では，ごく短時間しか情報が保持されない短期記憶（short-term memory）と，もっと長い時間，場合によっては半永久的に情報が保持される長期記憶（long-term memory）に記憶は二分される（Atkinson & Shiffrin, 1968）。短期記憶と長期記憶はそれぞれ，かつて James（1890）が区別した一次記憶（primary memory）と二次記憶（secondary memory）におおよそ相当するが，短期記憶と長期記憶の乖離を示す神経心理学的症例（Scoville & Milner, 1957；Shallice & Warrington, 1970）などの多くの証拠によって，現在では両者の区別が支持されている。

　長期記憶は加齢によって想起が困難になったり，器質的な損傷によって障害を受けたりすることはあるが，動的な過程の中で長期的に保持される（Alberini, 2011）。保持時間の長さに加えて，保持できる容量に制約がないことは，長期記憶のもう一つの重要な特徴である。これは例外的なケースかもしれないが，10万桁を超える円周率を正しく暗唱することができる人がいるように，長期記憶は膨大な量の情報を保持することが可能である。

長期記憶はさらに，想起される内容に基づいて，陳述記憶（declarative memory；あるいは顕在記憶 explicit memory）と非陳述記憶（nondeclarative memory；あるいは潜在記憶 implicit memory）に区分される（Squire, 1992）。陳述記憶とは，内容が意識上に想起され，言語で表現することが可能な記憶のことを指し，エピソード記憶と意味記憶から構成される（Tulving, 1972）。これに対して，非陳述記憶は行為の中で利用されるもので，想起内容が意識されることのない記憶である。非陳述記憶には，手続き記憶，プライミング，古典的条件づけ，および非連合学習が含まれる（Squire & Zora-Morgan, 1991）。

　他方，短期記憶が保持する情報は，他の情報による干渉を受けたり，時間の経過に伴って減衰したりすることによって，ものの数秒間のうちに失われてしまう。情報を忘れないようにするためには，言語情報が対象である場合，それを言語的に何度も繰り返す構音リハーサル（articulatory rehearsal）を行ったり，注意を向けて再鮮化（attentional refreshing）したりすることによって維持しなければならない（Camos, Lagner, & Barrouillet, 2009）。加えて，保持できる容量も長期記憶と対照的であり，短期記憶には厳しい容量制約がある。短期記憶の容量として「マジカルナンバー 7 ± 2」（Miller, 1956）がよく知られているが，構音リハーサルなどの補助を受けない，純粋な容量は 4 チャンク（記憶の単位のこと）程度と考えられている（Cowan, 2001）。

2 ワーキングメモリ

　記憶というと，何かをただ貯蔵するものという静的な印象が持たれがちであるが，動的な性質も備えている。ワーキングメモリ（working memory）は短期記憶の機能的役割を強調した概念で，課題の遂行中に一時的に必要となる記憶を指す（Baddeley, 2007）。たとえば，誰かと会話をするとき，相手が伝えようとしていることを正しく理解するためには，話の内容や流れを覚えておきながら，相手の気持ちを推し量りもしつつ，その話が意味するところを理解しようとしなければならない。こうした場面のように，ワーキングメモリは，情報の保持と処理が並列的に行われる目標志向的な記憶過程を支えており，行為と思考の基盤として機能する。

　ワーキングメモリという用語を初めて用いたのは Miller, Galanter, & Pribram

（1960）とされるが，今日までのワーキングメモリ研究の発展は，Baddeley & Hitch（1974）が提案したワーキングメモリモデルである，複数成分モデル（multicomponent model）によるところが大きい。複数成分モデルを特徴づけるのは，情報の保持を担うシステムと制御を担うシステムにより，ワーキングメモリが構成されていることである。音韻ループ（phonological loop）と視空間スケッチパッド（visuo-spatial sketchpad）は，領域固有的な情報保持システムであり，それぞれ異なる情報を保持すると仮定されている。音韻ループは言葉や数字といった言語・音韻情報の保持を担うのに対して，物体の色や形，位置といった非言語・視空間情報は視空間スケッチパッドにおいて保持される。ワーキングメモリにおける受動的な短期貯蔵庫と仮定される2つの保持システムに対して，情報制御システムとして位置づけられているのが中央実行系（central executive）である。中央実行系は従属的な保持システムに対して監督的にふるまう注意制御メカニズムとして仮定され，その制御機能は注意の焦点化と分割，切り替えの3つに細分化されている（Baddeley, 2007）。

　複数成分モデルは予測的なモデルではなく暫定的な理論的枠組みと考えられており（Baddeley, 1981），新しい知見の発見や議論の進展に伴って，これまでに改訂を重ねてきている。最も新しいモデル（思弁的ではあるが）では，ワーキングメモリの基本構造として4つの構成要素が置かれている（Baddeley, Allen, & Hitch, 2011；図5-1）。上述の3つの下位システムに追加されたエピソード・バッファ（episodic buffer）は，様々な情報が統合されてできたエピソードやチャンクの保持を担っており，音韻ループや視空間スケッチパッドへの意識的なアクセスはエピソード・バッファを介して行われると仮定されている（Baddeley, 2000；Baddeley et al., 2011）。

　以上にみてきたように，ワーキングメモリは領域固有的な保持を行い，注意制御と密接に関わる記憶と捉えることができる。ワーキングメモリのモデルは複数成分モデル以外にも数多く提案されており，領域固有性を重視しない立場もある（たとえば，Barrouillet, Portrat, & Camos, 2011）。しかしながら，少なくともワーキングメモリに含まれる短期貯蔵庫には領域固有性が認められると考えられ（Engle et al., 1999），ワーキングメモリは言語的・音韻的成分（言語性，あるいは音韻性ワーキングメモリ）と視空間的成分（視空間性ワーキングメモリ）の区

図 5-1　複数成分ワーキングメモリモデル
(Baddeley et al., 2011)

分に基づいて検討されることが一般的である。

❸ 行為を制御する音韻ループ

　前述の通り，ワーキングメモリに制御機能は不可欠であり，複数成分モデルでは，その役割は中央実行系に与えられている。その一方で，中央実行系に従属的な保持システムと考えられてきた音韻ループも，単なる短期貯蔵庫に留まらず，ある種の行為の制御に重要な役割を果たしている可能性が示されている（Baddeley, 2007）。

　音韻ループは複数成分モデルの中で最も理論化が進んでいる構成要素であり，音韻ストア（phonological store）と構音リハーサル過程（articulatory rehearsal process）から成ると仮定されている（Baddeley, Lewis, & Vallar, 1984）。音韻ストアは受動的な短期貯蔵庫であり，聴覚的に入力された情報は自動的に音韻ストアにアクセスし，登録される。これに対して，構音リハーサル過程は内的な構音メカニズムであり，心内音声化（subvocalization, あるいは内言 inner speech）を担うことで能動的な保持過程を支えている。心内音声化は内的な構音リハーサルとして機能するだけではなく，視覚的に入力された情報を音韻コード化し，音韻ストアに登録することを可能にしていると考えられている（Baddeley, 2007）。

　音韻ループの理論的な検討に大きく貢献してきた実験手法として，構音抑制（articulatory suppression）がある。構音抑制は，2つの課題を同時に課す二重課題法（dual-task method）の一つで，主となる一次課題への従事と同時に，二次

課題として，「あ，あ，あ，……」のような無関連な発声を繰り返させる方法である。音韻ループ（構音リハーサル過程）は外的な構音過程に依存しており，外的な発声の繰り返しは音韻ループの心内音声化よりも優先されると考えられ，結果として，構音抑制は心内音声化を選択的に妨害する（齊藤，1993）。実際に，構音抑制下では，心内音声化によって生じる音韻的類似性効果（phonological similarity effect）や語長効果（word length effect）が消失することが知られている（Baddeley, Thomson, & Buchanan, 1975; Murray, 1968）。

　ここで注目されるのは，中央実行系が担うと考えられる課題の切り替え（task switching）にも，構音抑制による妨害効果がみられることである。Baddeley, Chincotta, & Adlam（2001）は，課題の切り替えにおける中央実行系の役割を検討するために，数字列に順番に 1 を足す，または引いていくことを求める単純な計算課題を二重課題法と組み合わせて用いている。加算と減算を 1 回ずつ交互に切り替えながら計算することが求められたとき，中央実行系と共有の注意資源を使用し，中央実行系に負荷をかける言語的追跡課題やランダム生成課題を同時に行うと，予想された通り，反応時間は遅延した。ここで注目されるのは，構音抑制によっても，切り替えに相応のコストが生じたことである。この結果は，音韻ループが課題の切り替えに関与していることを示すものであり，課題の切り替えを促進する「足す，引く，足す，……」という内的な発話が，構音抑制によって妨害されたことによると解釈された。

　音韻ループによる行為の制御は，Baddeley et al.（2001）で検討された短い間隔での課題の切り替えだけではなく，より長期的な古い習慣からの切り替えにおいても示されている（Saeki et al., 2013）。なお，ワーキングメモリ研究において得られたこれらの知見は，ソヴィエト心理学において展開された理論である，言語の行動調整機能（Luria, 1959；Vygotsky, 1962）に通底していると考えられる（Baddeley, 2007）。行為の制御における音韻ループの役割が今後さらに明らかにされることで，ヴィゴツキーやルリヤたちの功績に，あらためて光が向けられることになるかもしれない。

第3節　知的障害児・者のワーキングメモリ

■1 知的障害とワーキングメモリ

　知的障害児・者の記憶に関する研究は，様々な種類の記憶を対象に，これまで精力的に行われてきた。その中でも，本稿では，ワーキングメモリに関する研究知見を紹介する。その理由は，ワーキングメモリが行為と思考の基盤として機能するという意味で本書になじむと思われることに加えて，知的障害児・者の知能と適応行動に関連し（Edgin et al., 2010；Osório et al., 2012），知的障害と密接な関係にある記憶と言えるからである。近年では，ワーキングメモリの問題が知的障害における知的機能と適応行動の制約をもたらしているという見解も示されており（Henry, Messer, & Poloczek, 2018），ワーキングメモリは，知的障害研究において今後ますます注目される対象であると考えられる。

　前節でみてきたワーキングメモリの構造に関して，知的障害児・者を対象とした検討は未だ十分に行われていないが，複数成分モデルに仮定される明瞭な構造は，知的障害児・者において必ずしも認められていない（Numminen et al., 2000）。しかしながら，少なくとも言語的成分と視空間的成分は分離しており（Van der Molen, 2010），知的障害児・者のワーキングメモリは領域固有的な特性を示すことが多くの研究によって報告されている。

　以上のことから，次項より，知的障害児・者におけるワーキングメモリの特性について，領域固有性と注意制御の2つを基軸に整理する。また，知的障害児・者のワーキングメモリには，知的障害のグループによって異なる特性がみられることから，知的障害の代表的な病理であるダウン症およびウィリアムズ症と，原因不明の，いわゆる生理型の知的障害に分けて概説する。なお，本稿では，明確に区別されうる短期記憶とワーキングメモリを，関与する注意制御の程度を考慮しながら，共に「ワーキングメモリ」と表記することに注意されたい。

■2 ダウン症およびウィリアムズ症児・者のワーキングメモリ

　知的障害児・者のワーキングメモリは，同一年齢の定型発達児と比べると，

保持内容の領域や関与する注意制御の程度にかかわらず，全般的に機能低下を示すことがほとんどである（たとえば，Henry & MacLean, 2002）。したがって，これ以降では，精神年齢を基準にして，知的障害児・者におけるワーキングメモリの特性をみていく。

　知的障害児・者を対象としたワーキングメモリ研究では，ダウン症児・者とウィリアムズ症児・者はしばしば比較される。全体的な傾向として，ダウン症児・者においては，言語性ワーキングメモリが精神年齢の水準よりも低下しているのに対して，視空間性ワーキングメモリは比較的良好に保たれている（Hick, Botting, & Conti-Ramsden, 2005）。一方，ウィリアムズ症児・者は，ダウン症児・者とは反対のプロフィールを示すことが報告されている（Jarrold, Baddeley, & Hewes, 1999）。このダウン症およびウィリアムズ症児・者における領域固有的なワーキングメモリの機能低下は，生理型知的障害児・者と比較しても顕著である（Jarrold et al., 1999）。

　ダウン症児・者を対象としたワーキングメモリ研究について，もう少し説明すると，たとえば，Hick et al. (2005) では，共に言語発達の遅れを示すダウン症児および特異的言語発達障害児の2つの臨床群と，精神年齢が一致する定型発達児を比較している。その結果，ダウン症児は数字スパン（いくつかの数字を聞き，順番通りに覚える）と単語スパン（いくつかの単語を聞き，順番通りに覚える）の2つの言語性ワーキングメモリ課題において，定型発達児よりも統計的に有意に低い成績を示した一方で，視空間性ワーキングメモリ課題（パターン再生：ます目の上に同時に呈示されるいくつかの記銘刺激の位置を覚える）では，ダウン症児と他の2つのグループの間に有意な成績差は認められなかった。加えて，1年間の縦断的な測定の結果，ダウン症児では，特異的言語発達障害児には生じていた言語性ワーキングメモリ課題の成績向上がみられなかった。

　ウィリアムズ症児・者においては，先に述べた通り，言語性ワーキングメモリは比較的優れる一方で，視空間性ワーキングメモリには問題がみられる。しかしながら，必ずしもそうした結果が一貫して得られているわけではなく，一部の研究では，ウィリアムズ症児・者において，言語性ワーキングメモリを含む，ワーキングメモリの全般的な機能低下がみられることが報告されている（Menghini et al., 2010）。同様に，ダウン症児・者の視空間性ワーキングメモリ

に問題がみられる場合もある（Costanzo et al., 2013）。

　ダウン症およびウィリアムズ症児・者のワーキングメモリに関する混在する結果は，対象者の属性や統制群の選定基準などの違いが交絡している可能性もあるが，注意制御の観点から，少なくとも部分的には説明することができるかもしれない。たとえば，Vicari, Carlesimo, & Caltagirone（1995）では，いくつかの記銘刺激（数字あるいは物体の位置）を覚え，同じあるいは反対の順番で再生することが求められる課題（順唱・逆唱）をダウン症児・者に実施している。その結果，いずれの記銘刺激の場合でも，注意制御がより大きく求められる逆唱においてのみ，ダウン症児・者は成績低下を示している。また，Menghini et al.（2010）では，ウィリアムズ症児・者は数字スパンの順唱と逆唱において成績低下を示しているが，精神年齢が一致する定型発達児との差は逆唱においてより大きかった。したがって，ダウン症およびウィリアムズ児・者におけるワーキングメモリは，保持内容の領域だけではなく，関与する注意制御の程度によっても影響を受けると考えられる（ただし，Pennington et al., 2003 も参照のこと）。

　ここで最後に，ダウン症およびウィリアムズ症児・者の視空間性ワーキングメモリに関する興味深い研究を紹介する。Carretti et al.（2015）では，ウィリアムズ症児を対象に，記銘刺激の呈示方法が異なる 2 つの視空間性ワーキングメモリ課題を実施している。これらは，記銘刺激がすべて同時に，あるいは一つずつ呈示される課題であり（図 5-2 を参照），視空間性ワーキングメモリの下位に分離可能な，同時的成分と継次的成分をそれぞれ反映する（Oi et al., 2017）。その結果，ウィリアムズ症児は，同時呈示下では精神年齢が一致する定型発達児よりも有意に低い成績を示したのに対し，継次呈示下では成績低下はみられなかった。同様に，ダウン症児も，同時的視空間性ワーキングメモリ課題において選択的な成績低下を示すことが報告されている（Carretti, Lanfranchi, & Mammarella, 2013）。これらは，ダウン症およびウィリアムズ症児・者の視空間性ワーキングメモリに関して新たな視座を提供するものとして注目される知見と言えよう。

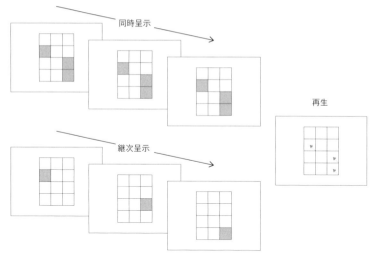

図5-2　同時的・継次的視空間性ワーキングメモリ課題
(Oi et al., 2018)

3 生理型知的障害児・者のワーキングメモリ

　ダウン症やウィリアムズ症などの遺伝性疾患を伴わず，他の知的障害の原因
も特定されない，いわゆる生理型の知的障害においても，そのワーキングメモ
リ特性は領域固有性と注意制御によって特徴づけられる。しかしながら，生理
型知的障害児・者のワーキングメモリ特性は，前項でみてきたダウン症および
ウィリアムズ症児・者とは異なるものである。

　生理型知的障害児・者におけるワーキングメモリの中で，最も検討が進んで
いるのが言語性ワーキングメモリである。これまでに行われた研究の多くで，
生理型知的障害児・者の言語性ワーキングメモリは精神年齢の水準よりも低下
していることが報告されている（たとえば，Henry & Winfield, 2010）。生理型知
的障害児・者の言語性ワーキングメモリは，前項で述べた通り，ダウン症児・
者ほどには深刻に制約されておらず，また，精神年齢に準じた水準に保たれて
いる場合もみられるものの（Numminen, Service, & Ruoppila, 2002），比較的近年
に行われた統合的レビューの結果，ワーキングメモリの中で最も制約されてい
る領域であることが見出されている（Lifshitz, Kilberg, & Vakil, 2016）。

言語性ワーキングメモリと比べると，生理型知的障害児・者の視空間性ワーキングメモリに関する研究は限られている。しかしながら，言語性ワーキングメモリとは対照的に，視空間性ワーキングメモリが比較的良好に保たれていることを報告する研究は多く，精神年齢の水準を上回る場合すらみられる（たとえば，Henry & MacLean, 2002）。視空間性ワーキングメモリは，生理型知的障害児・者において比較的良好に保たれている領域と考えられるが，機能低下を報告する研究もあり（Numminen et al., 2002），結論を得るためにはさらなる検討が必要であるだろう。

　視空間性ワーキングメモリの詳細な検討として，視空間性ワーキングメモリにおける同時的・継次的成分を生理型知的障害児・者を対象として直接的に検討した研究は，筆者の知る限り，Oi, Okuzumi, & Kokubun（2018）のみである。Oi et al.（2018）では，Carretti et al.（2015）と同様に，記銘刺激の呈示方法が異なる2つの視空間性ワーキングメモリ課題（同時・継次課題）を生理型知的障害者に実施している。図5-2のように，同時・継次課題では，ます目上に赤色で示される位置を覚え，その後，同じ位置を答えることが求められるが，同時課題では赤い位置がすべて一度に示されるのに対して，継次課題では一つずつ順番に示される。その結果，生理型知的障害者は，継次課題では精神年齢が一致する定型発達児と同等であったのに対して，同時課題では定型発達児よりも有意に高い成績を示した。この結果は，生理型知的障害児・者の視空間性ワーキングメモリに不均質な特性，特に，ダウン症およびウィリアムズ症児・者とは異なる，同時的成分の良好さがみられることを示唆するものである。

　ここまで，注意制御があまり求められない受動的な課題を用いた研究を取り上げてきたが，情報の保持に加えて操作が求められるなど，注意制御がより大きく関与する場合には，言語性・視空間性ワーキングメモリ共に機能低下がみられることが多い（たとえば，Van der Molen et al., 2009；ただし，Henry & MacLean, 2002 も参照のこと）。より直接的な検討として，Carretti, Belacchi, & Cornoldi（2010）は，言語性ワーキングメモリ課題に関与する注意制御の程度が増大するにつれて，生理型知的障害者の成績低下が顕著になることを報告している。

第4節　おわりに

　本章では，行為を支える心のはたらきの一つである記憶，特に，ワーキングメモリに焦点を当て，その心理学研究における理論的枠組みと知的障害児・者を対象とした研究知見を紹介してきた。

　これまでの研究により，知的障害児・者のワーキングメモリにおいては，障害されている面だけでなく，比較的良好に保たれている面がある可能性が示されている。特に，知的障害児・者にとって利用可能な領域を理解しておくことは，彼らへの支援方法を検討する上で重要なことであり，そのすべてが障害されていると思われがちなワーキングメモリの良好な面が明らかになれば，多くの人に利益をもたらすだろう。さらに，知的障害児・者におけるワーキングメモリの特性が注意制御によって特徴づけられ，言語的・視空間的成分だけではなく，同時的・継次的成分という様式の違いからも理解されうることは，これまでの障害児教育において重用されてきた，ルリヤの知能観に基づくアプローチ（Das, Kirby, & Jarman, 1975）とも親和的であり，支援のために活用されやすいことと期待される。

引用文献

Alberini, C. M.（2011）. The role of reconsolidation and the dynamic process of long-term memory formation and storage. *Frontiers in Behavioral Neuroscience, 5,* 12.

Atkinson, R. C., & Shiffrin, R. M.（1968）. Human memory: A proposed system and its control processes. In K. W. Spence & J. T. Spence（Eds.）, *The psychology of learning and motivation: Advances in research and theory, Vol.2.* New York: Academic Press, 89-195.

Baddeley, A. D.（1981）. The concept of working memory: A view of its current state and probable future development. *Cognition, 10,* 17-23.

Baddeley, A. D.（2000）. The episodic buffer: A new component of working memory? *Trends in Cognitive Sciences, 4,* 417-423.

Baddeley, A. D.（2007）. *Working memory, thought, and action.* Oxford: Oxford

University Press.

Baddeley, A. D., Allen, R. J., & Hitch, G. J. (2011). Binding in visual working memory: The role of the episodic buffer. *Neuropsychologia, 49*, 1393-1400.

Baddeley, A. D., Chincotta, D., & Adlam, A. (2001). Working memory and the control of action: Evidence from task switching. *Journal of Experimental Psychology: General, 130*, 641-657.

Baddeley, A. D., & Hitch, G. J. (1974). Working memory. In G. H. Bower (Ed.), *The psychology of learning and motivation: Advances in research and theory, Vol.8*, New York: Academic Press, 47-89.

Baddeley, A. D., Lewis, V., & Vallar, G. (1984). Exploring the articulatory loop. *Quarterly Journal of Experimental Psychology, 36A*, 233-252.

Baddeley, A. D., Thomson, N., & Buchanan, M. (1975). Word length and the structure of short-term memory. *Journal of Verbal Learning and Verbal Behavior, 14*, 575-589.

Barrouillet, P., Portrat, S., & Camos, V. (2011). On the law relating processing to storage in working memory. *Psychological Review, 118*, 175-192.

Camos, V., Lagner, P., & Barrouillet, P. (2009). Two maintenance mechanisms of verbal information in working memory. *Journal of Memory and Language, 61*, 457-469.

Carretti, B., Belacchi, C., & Cornoldi, C. (2010). Difficulties in working memory updating in individuals with intellectual disability. *Journal of Intellectual Disability Research, 54*, 337-345.

Carretti, B., Lanfranchi, S., De Mori, L., Mammarella, I. C., & Vianello, R. (2015). Exploring spatial working memory performance in individuals with Williams syndrome: The effect of presentation format and configuration. *Research in Developmental Disabilities, 37*, 37-44.

Carretti, B., Lanfranchi, S., & Mammarella, I. C. (2013). Spatial-simultaneous and spatial-sequential working memory in individuals with Down syndrome: The effect of configuration. *Research in Developmental Disabilities, 34*, 669-675.

Costanzo, F., Varuzza, C., Menghini, D., Addona, F., Gianesini, T., & Vicari, S. (2013). Executive functions in intellectual disabilities: A comparison between Williams syndrome and Down syndrome. *Research in Developmental Disabilities, 34*, 1770-1780.

Cowan, N. (2001). The magical number 4 in short-term memory: A reconsideration of mental storage capacity. *Behavioral and Brain Sciences, 24*, 87-185.

Das, J. P., Kirby, J., & Jarman, R. F. (1975). Simultaneous and successive synthesis: An alternative model for cognitive abilities. *Psychological Bulletin, 82*, 87-103.

Edgin, J. O., Pennington, B. F., & Mervis, C. B. (2010). Neuropsychological components of intellectual disability: The contributions of immediate, working, and associative memory. *Journal of Intellectual Disability Research, 54*, 406-417.

Engle, R. W., Tuholski, S. W., Laughlin, J. E., & Conway, A. R. A. (1999). Working memory, short-term memory, and general fluid intelligence: A latent-variable approach. *Journal of Experimental Psychology: General, 128*, 309-331.

Henry, L. A., & MacLean, M. (2002). Working memory performance in children with and without intellectual disabilities. *American Journal on Mental Retardation, 107*, 421-432.

Henry, L. A., Messer, D. J., & Poloczek, S. (2018). Working memory and intellectual disabilities. In T. P. Alloway (Ed.), *Working memory and clinical developmental disorders: Theories, debates and interventions*, London: Routledge, 9-21.

Henry, L. & Winfield, J. (2010). Working memory and educational achievement in children with intellectual disabilities. *Journal of Intellectual Disability Research, 54*, 354-365.

Hick, R. F., Botting, N., & Conti-Ramsden, G. (2005). Short-term memory and vocabulary development in children with Down syndrome and children with specific language impairment. *Developmental Medicine and Child Neurology, 47*, 532-538.

James, W. (1890). *The principles of psychology, Vol.1*. New York: Holt.

Jarrold, C., Baddeley, A. D., & Hewes, A. K. (1999). Genetically dissociated components of working memory: Evidence from Downs and Williams syndrome. *Neuropsychologia, 37*, 637-651.

Lifshitz, H., Kilberg, E., & Vakil, E. (2016). Working memory studies among individuals with intellectual disability: An integrative research review. *Research in Developmental Disabilities, 59*, 147-165.

Luria, A. R. (1959). The directive function of speech in development and dissolution, Part I. *Word, 15*, 341-352.

Menghini, D., Addona, F., Costanzo, F., & Vicari, S. (2010). Executive functions in individuals with Williams syndrome. *Journal of Intellectual Disability Research, 54*, 418-432.

Miller, G. A. (1956). The magical number seven, plus or minus two: Some limits on our capacity for processing information. *Psychological Review, 63*, 81-97.

Miller, G. A., Galanter, E., & Pribram, K. H. (1960). *Plans and the structure of behavior.*

New York: Holt, Rinehart and Winston.

Murray, D. J. (1968). Articulation and acoustic confusability in short-term memory. *Journal of Experimental Psychology, 78,* 679-684.

Numminen, H., Service, E., Ahonen, T., Korhonen, T., Tolvanen, A., Patja, K. & Ruoppila, I. (2000). Working memory structure and intellectual disability. *Journal of Intellectual Disability Research, 44,* 579-590.

Numminen, H., Service, E., & Ruoppila, I. (2002). Working memory, intelligence and knowledge base in adult persons with intellectual disability. *Research in Developmental Disabilities, 23,* 105-118.

Oi, Y., Kita, Y., Suzuki, K., Okumura, Y., Okuzumi, H., Shinoda, H., & Inagaki, M. (2017). Spatial working memory encoding type modulates prefrontal cortical activity. *Neuroreport, 28,* 391-396.

Oi, Y., Okuzumi, H., & Kokubun, M. (2018). Visuospatial working memory in individuals with intellectual disabilities under simultaneous and sequential presentation. *Journal of Special Education Research, 7,* 1-8.

Osório, A., Cruz, R., Sampaio, A., Garayzabal, E., Martinez-Regueiro, R., Goncalves, O. F., Carracedo, A. & Fernandez-Prieto, M. (2012). How executive functions are related to intelligence in Williams syndrome. *Research in Developmental Disabilities, 33,* 1169-1175.

Pennington, B. F., Moon, J., Edgin, J., Stedron, J., & Nadel, L. (2003). The neuropsychology of Down syndrome: Evidence for hippocampal dysfunction. *Child Development, 74* 75-93.

Saeki, E., Baddeley, A. D., Hitch, G. J., & Saito, S. (2013). Breaking a habit: A further role of the phonological loop in action control. *Memory & Cognition, 41,* 1065-1078.

齊藤智 (1993). 構音抑制と記憶更新が音韻的類似性効果に及ぼす影響. 心理学研究, *64,* 289-295.

Scoville, W. B., & Milner, B. (1957). Loss of recent memory after bilateral hippocampal lesions. *Journal of Neurology, Neurosurgery, and Psychiatry, 20,* 11-21.

Shallice, T., & Warrington, E. K. (1970). Independent functioning of verbal memory stores: A neuropsychological study. *Quarterly Journal of Experimental Psychology, 22,* 261-273.

Squire, L. R. (1992). Declarative and nondeclarative memory: Multiple brain systems supporting learning and memory. *Journal of Cognitive Neuroscience, 4,* 232-243.

Squire, L. R., & Zola-Morgan, S. (1991). The medial temporal lobe memory system. *Science, 253,* 1380-1386.

Tulving, E. (1972). Episodic and semantic memory. In E. Tulving & W. Donaldson (Eds.), *Organization of memory*, New York: Academic Press, 381-403.

Van der Molen, M. J. (2010). Working memory structure in 10- and 15-year old children with mild to borderline intellectual, disabilities. *Research in Developmental Disabilities, 31*, 1258-1263.

Van der Molen, M. J., Van Luit, J. E. H., Jongmans, M. J., & Van der Molen, M. W. (2009). Memory profiles in children with mild intellectual disabilities: Strengths and weaknesses. *Research in Developmental Disabilities, 30*, 1237-1247.

Vicari, S., Carlesimo, A., & Caltagirone, C. (1995). Short-term memory in persons with intellectual disabilities and Down's syndrome. *Journal of Intellectual Disability Research, 39*, 532-537.

Vygotsky, L. S. (1962). *Thought and language* (E. Hanfmann & G. Vakar, Trans.). Cambridge: MIT Press (Original work published 1934).

===== 第 **6** 章 =====

知的障害児・者における
実行機能の発達支援

池田吉史

第1節　知的障害とは

　知的障害は，知的機能と適応行動の低さに特徴づけられる神経発達障害の一つである。米国知的・発達障害協会（American Association on Intellectual and Developmental Disabilities, 以下 AAIDD とする）は，2010 年に出版した『知的障害　定義，分類，および支援体系　第 11 版』において「知的障害は，知的機能と適応行動（概念的，社会的および実用的な適応スキルによって表される）の双方の明らかな制約によって特徴づけられる能力障害である」と定義している（AAIDD, 2010/2012）。知的機能は，推論する，計画する，問題を解決する，抽象的に思考する，複雑な考えを理解する，速やかに学習する，経験から学習するといった要素を含んでおり，周囲の環境を理解するための広く深い能力である。一方で，適応行動とは，日常生活において人々が学習し，発揮する概念的スキル，社会的スキルおよび実用的スキルの集合である。概念的スキルには，読み書きや金銭，時間などの概念に関連したスキルが含まれる。社会的スキルには，対人的スキル，社会的責任，規則や法律を守ることなどが含まれる。実用的スキルには，身の回りの世話，健康管理，交通機関の利用などが含まれる。知的障害は，知的機能と適応行動の両面の制約が発達期に生じ，それによって個人に自立と社会参加の困難がもたらされた状態のことであると考えられる。

適応行動の観点から適切な支援を行うことは，特別支援教育の重要な課題の一つである。アメリカ精神医学会の『精神疾患の診断・統計マニュアル　第5版』（APA, 2013/2014）では，必要とされる支援のレベルを決めるのは知的機能ではなく適応機能（AAIDDの適応行動に相当する）であるとされ，重症度レベルは従来のようにIQ（知能指数）で分類するのではなく，適応機能の3つの領域である概念的（学問的）領域，社会的領域，実用的領域の適応水準に基づいて分類されている。適応行動（適応機能）が重視される背景の一つには，知的機能と適応行動のそれぞれが含む領域の相違がある。知的機能は概念的スキルに関する尺度を提供し，社会的スキルや実用的スキルに関しては十分な尺度を提供しないが，適応行動はこれらの3つのスキルを含む概念である。さらに，適応行動は，多くの場合に日常生活における行動の様子から評価されるため，必要な支援ニーズの強さをより明確にする観点だと考えられていることも，重視される背景の一つである。しかし，適応行動の発達水準は，知的機能の発達水準だけでは十分に説明することができないため，適応行動の観点から適切な支援を行うためには，知的機能以外の背景要因も考慮する必要がある（池田, 2019a）。

第2節　知的障害者の実行機能

　適応行動の背景要因の一つとして，実行機能（executive functions）が注目されている。実行機能とは，課題解決や目標達成を効率良く行うために，思考・行動・情動を意識的に制御する高次脳機能である。実行機能は，目標志向的行動に関わる実行機能と社会的行動に関わる実行機能に大きく分類される（池田, 2013, 2018）。目標志向的行動に関わる実行機能は，目標形成，プランニング，プランの実行，評価と調整という，いわば行動のPDCA（plan-do-check-act）サイクルを支えている。社会的行動に関わる実行機能は，自己本位で不適切な行動の抑制と自己の欲求を表現する行動の生起との間でバランスをとることを支えている。知的機能がいくら高くても，目の前の活動に計画的に取り組んだり，感情をコントロールしながら活動に取り組んだりできないと，つまり実行機能が弱いと適切な行動を起こすことは困難となる。知的障害では，様々な実行機

能の弱さから，知的機能から期待される発達水準に適応行動が達していない状況がしばしば生じているものと推察されている（池田，2019a）。

　知的障害者の実行機能の弱さと適応行動との関連を示す知見が蓄積されつつある。研究自体は必ずしも多くは行われていないが，実験心理学的研究や神経科学的研究から知的障害者における実行機能の弱さが指摘されている（池田，2013, 2016）。特に，実行機能の要素である抑制，ワーキングメモリ，シフティング，プランニングについては，精神年齢が等しい定型発達児よりも著しく低い成績を示す領域があることが明らかにされつつある。これらの領域については，知的機能の発達水準から期待される水準にはない，知的障害者で特異的に低い部分であるということができる。さらに，知的障害者における適応行動と実行機能との関連も明らかにされている。特に，プランニングや抑制と適応行動尺度の一部の指標との間に有意な相関関係があることが明らかにされている。このように，実行機能は知的障害者の適応行動の要因の一つであることが示唆されている。したがって，知的障害者の実行機能に着目することで，適応行動を高めるための支援方法を考案する手がかりが得られることが期待される。

第3節　実行機能の発達

　実行機能の発達は，幼少期から成人期まで長期に及ぶ。たとえば，Best & Miller（2010）は，実行機能の定型発達について以下のようにまとめている。抑制は，1歳頃にはその萌芽が認められ，その後は3〜5歳，5〜8歳，8歳以降のように段階的に発達する。ワーキングメモリは，6歳までに情報の保持および操作ができるようになり，青年期まで漸次的に発達し続ける。シフティングは，その発達に抑制とワーキングメモリが不可欠であり，少なくとも青年期まで発達し続ける。プランニングもまた少なくとも青年期まで発達し続ける。脳機能・脳構造イメージング研究からも，実行機能の発達が長期に及ぶことが示唆されている（池田，2016）。

　実行機能の発達は，定型発達児と神経発達障害児で様相が異なる。限局性学習障害，注意欠如多動性障害（ADHD），自閉症スペクトラム障害，そして知的障害などの神経発達障害児は，実行機能の弱さを抱えやすいことが指摘され

ている（e.g., 池田，2013, 2019a）。これらの研究では，神経発達障害児には，全般的な知的機能の発達水準が等しい定型発達児よりも著しく低い成績を示す実行機能の領域があることが示唆されている。さらに，他の研究では，神経発達障害児における実行機能の年齢変化が，定型発達児と異なることが示唆されている。たとえば，Westerberg et al.（2004）は，7.5 歳から 15.5 歳の ADHD 児（男児）の視空間性ワーキングメモリ課題成績の年齢変化を分析し，定型発達児（男児）では年齢とともに成績の上昇が見られるのに対して，ADHD 児ではほとんど変化を示さないことを明らかにしている。この結果は，定型発達児では特別な介入がなくても視空間性ワーキングメモリを発達させるのに対して，ADHD 児では特別な介入がないとほとんど変化を示さないことを示唆している。さらに，Van der Molen, Henry, & Van Luit（2014）は，9 歳から 16 歳の軽度・境界域の知的障害児を対象として，言語性短期記憶，視空間性短期記憶，ワーキングメモリ，抑制における年齢変化を分析している。その結果，軽度・境界域の知的障害児においては，視空間性短期記憶，ワーキングメモリ，抑制の課題成績は 15 歳頃まで上昇し続けるが，言語性短期記憶は 10 歳頃で変化が止まってしまうことを明らかにしている。知的障害児の結果は，言語性短期記憶の上昇は 15 歳頃まで見られ視空間性短期記憶の上昇は 11 歳頃までとされる定型発達児における年齢変化とは一致しないものである。これらの知見を踏まえると，知的障害を含む神経発達障害児の実行機能の発達を促すには介入が重要な役割を果たすと考えられる。

　実行機能の発達は，遺伝要因の影響だけではなく環境要因の影響も受ける。環境要因として，社会経済的背景が指摘されている（池田，2019b）。社会経済的背景とは家庭がアクセスできる経済的資源と社会的資源の総体であり，その指標として家庭の所得や養育者の学歴，養育者の職業が用いられることが多い。社会経済的背景が低い子どもは，社会経済的背景が高い子どもよりも実行機能課題において低い成績を示すことが，多くの研究で報告されている。その背景として，社会経済的背景の低さは，栄養のある食事の不足や家庭内外の学習環境資源の不足といった子どもの認知発達を促す適切な刺激の欠如をもたらしやすいこと，養育者のストレスに基づく養育の質や養育への関心の低下をもたらしやすいこと，そして養育スキルの不足や管理統制的で否定的な養育態度をも

たらしやすいことが指摘されており，それらが子どもの実行機能を含む認知発達に影響を及ぼす可能性があると考えられている。さらに，実行機能の発達に対する学校教育の影響も指摘されている。Finch（2019）は，幼稚園年長，小学校1年生，小学校2年生の3年間にかけて，子どもの言語性ワーキングメモリが授業期間（秋期から春期まで）と長期休暇期間（夏期）のどちらでより発達が著しいかを縦断的データに基づいて分析した。その結果，長期休暇期間よりも授業期間において，子どもの言語性ワーキングメモリの発達的変化が著しいことが明らかとなり，学校教育が子どもたちのワーキングメモリの発達を促す機会を提供していることが示唆されている。これらの知見を踏まえると，実行機能の発達を促す環境や機会を提供することも重要な介入手段の一つであると考えられる。

第4節　実行機能の支援

　実行機能への支援アプローチには，個人の実行機能を高める支援と個人の実行機能を補う支援の2つがある。一方で，実行機能それ自体をトレーニングによって高めるアプローチが多くの研究で試みられている。他方で，実行機能の弱さを環境調整や大人の働きかけによって補う支援アプローチも試みられている。いずれのアプローチにも共通しているのは，少なからず支援を通して実行機能の発達を期待していることである。

　実行機能を高める支援には，顕在的トレーニングと潜在的トレーニングが含まれる。顕在的トレーニングとは，実行機能を必要とする認知課題を用いたトレーニングであり，コンピュータトレーニングや非コンピュータトレーニングに分けることができる。コンピュータトレーニングは，いわゆる脳トレのゲームに繰り返し取り組むことで実行機能が向上することを期待するものである。代表的なコンピュータトレーニングは，コグメド（Cogmed®）であり，メンターによる指導を受けながらゲームに取り組むことに特徴がある。非コンピュータトレーニングは，たとえば音楽が鳴っている間は動き続けるが音楽が鳴りやんだら静止するといった遊びに繰り返し取り組むことを通して，実行機能が向上することを期待するものである。潜在的トレーニングとは，身体活動

や芸術活動を通して実行機能を向上させることを期待するものである。身体活動として，レジスタンストレーニング（筋に負荷をかける運動）や有酸素運動（ランニングや早歩きなど），身体運動を伴うマインドフルネス（武道，太極拳，テコンドー，ヨガなど）が試みられている。芸術活動では，芝居や楽器演奏などが試みられている。

　実行機能を補う支援は，目標志向的行動や社会的行動を支えることに主眼を置くアプローチである。つまり，目標志向的行動や社会的行動を適切にとることができるように，実行機能の弱さに対して支援を行う。様々な研究者によって，環境調整や大人の働きかけで実行機能の弱さを補うプログラムが提唱されている（e.g., Barkley, 2016；Bodrova & Leong, 2007；Dawson & Guare, 2018；Kaufman, 2010；McCloskey, Perkins, & Van Diviner, 2008；Meltzer, 2010）。たとえば，Dawson & Guare（2018）が提唱するプログラムの基本的なステップは，以下のようにまとめられる。1つ目は，目標設定である。問題行動を特定し，それを解消するために必要な目標行動を設定する。問題行動それ自体を減らそうとするアプローチも重要だが，問題行動が起きたときに本来取り組まなくてはならなかった適切な行動をターゲットにして，それを高めていくことがより重要である。2つ目は，環境レベルでの支援である。環境レベルの支援には，課題の調整，物理的環境の調整，社会的環境の調整，働きかけの調整が含まれる。環境を調整して活動が個人に要求する実行機能の負荷を発達段階に合わせるのである。3つ目は，実行機能の弱さを補うスキルを教えることである。たとえば，いつ，どこで，何を，どのように取り組むかを確認させるチェックリストや手順表，目標設定・振り返りシートなどの外的な補助ツールを使いながら活動に取り組むことを覚えさせる。補助ツールを使いながら取り組み続けているうちに，補助ツールに埋め込まれた認知プロセスが個人に内化し，しだいに補助ツールを使わなくても行動できるようになることを長期的には期待する。

　実行機能の発達により焦点を当てたプログラムは，「心の道具（Tools of the Mind）」（Bodrova & Leong, 2007）である。これはヴィゴツキーの発達観に基づいた高次精神機能の発達を促す支援アプローチである。精神機能には注意や記憶，思考などが含まれるが，低次精神機能の場合はそれらが受動的な刺激－反応型で処理されるのに対して，高次精神機能の場合は刺激と反応の間に心の道

表 6-1　「心の道具」の主導的活動と発達的到達点
(Bodrova & Leong, 2007)

発達期	主導的活動	発達的到達点
乳児期	養育者との情緒的関わり	愛着 物体志向的感覚運動行為
幼児期	物体志向的活動	感覚運動思考 自己概念
就学前期	ままごと遊び	想像力 象徴機能 心的表象・心的操作 思考と感情の統合 自己制御
児童期	学習活動	理論的推理 高次精神機能 学習への動機づけ

具（mental tool）が媒介（mediation）することで能動的に処理される。言い換えれば，心の道具とは，注意や記憶，思考などの意識的な制御を可能にするものであり，受動的な学習者から能動的な学習者に変わり，さらに自立した存在になるために必要となるものである。重要な心の道具の一つが言語であり，子どもは話しことば，独り言，内言，書きことばといった多様な形態の言語を共同活動（shared activity）における他者との相互作用を通して学習する。その際，言語それ自体に加え，言語が司る高次精神機能，つまり精神機能を制御する方法が，他者の助けがないと成立しない状態（精神間機能）から個人だけで成立する状態（精神内機能）へ移行する（内化する）ことで，子どもの自律性が高められる。表 6-1 は，「心の道具」の各発達期における主導的活動（leading activity）と発達的到達点（developmental accomplishments）を示したものである。

　発達的到達点とは，当該の発達期を特徴づけると同時に，次の発達期への移行の基礎となる精神機能であり，主導的活動を通して獲得される。たとえば，就学前期の発達的到達点の一つとして自己制御（self-regulation）がある。自己制御を獲得することで，子どもは行動する前に考えたり，計画を立てたりすることができ，児童期における学習活動への参加が支えられるようになる。自己

制御を獲得するためには，子どもは主導的活動を通して必要な要素を経験しなければならない。まず，すべきこととすべきではないことを話しことばに結びつけて，ルールとして学習することである。次に，ルールを他者制御（other-regulation）において使用することである。他者から教示されたルールに従ったり，他者に教示してルールに従わせたりすることで，ルールに基づく制御を学習するのである。最後に，それらの話しことばを独り言や内言として取り込むことである。社会的に共有されたルールを自分自身に適用させることができるようになることで自己制御が可能となる。児童期に入ると，自己制御を基盤として目標志向的行動をとることができるようになる。しかし，目標志向的行動をとり始めたばかりの子どもは，自分の頭の中で考えていることを十分に意識することができない。そのため，言語的促し，リマインダー，書きことば，具体物や視覚的支援，イラストなどの外的な言語的・非言語的記号を媒介することが有効な支援となる。さらに，「心の道具」では，子どもの発達の最近接領域（Zone of Proximal Development）を的確に捉えて，足場かけ（scaffolding）を行うことが支援の重要な点と考えられている。

　実行機能の多様な支援アプローチの背景には，発達観の相違が関与していると考えられる。代表的な理論家であるピアジェとヴィゴツキーは，学習や発達は環境への子どもの能動的な働きかけによってもたらされると考えている点において共通している。しかし，学習や発達に対して社会がどのような影響を与えるのかという点に両者の見解の相違点が見られる。Lourenço（2012）によれば，ピアジェとヴィゴツキーの発達論の相違は以下のようにまとめられる。ピアジェの発達論は，学習における子どもの自律性（autonomy）を重視すること，そして子どもと他者は対等の関係にあると考えていることに特徴がある。そのため，子どもの能力は，自らの行為によってしか獲得できず，他者が発明したものを習うだけでは本当の意味で獲得することはできないと考えられている。一方で，ヴィゴツキーの発達論は，学習における子どもの他律性（heteronomy）を重視すること，そして子どもと他者は権威的な関係にあると考えていることに特徴がある。そのため，子どもの能力は，上位にある他者から伝達されるものを学習することを通して獲得されると考えられている。知の源泉が個人の中にあると考えるのがピアジェであり，個人の外にあると考えるのがヴィゴツ

キーである。これらの発達観の相違が，実行機能に関連するスキルをトレーニングによって高めるのか，それとも他者との関わりを通して伝えていくのかという支援アプローチの違いに関わっている可能性がある。

　実行機能の支援効果は，定型発達児と神経発達障害児の間で必ずしも一致しない。Diamond & Ling（2020）は，定型発達と ADHD を対象に含む研究の系統的レビューを行い，身体運動を伴うマインドフルネス（太極拳など），学校プログラム（心の道具など），非コンピュータトレーニング，メンター付きのコンピュータトレーニング（コグメド）において多かれ少なかれ支援効果が見られたのに対して，レジスタンストレーニング，有酸素運動（ランニング，早歩き），コンピュータトレーニングでは支援効果が乏しかったと報告している。そして，Takacs & Kassai（2019）は，定型発達児と非定型発達児（神経発達障害を含む）では，共にコンピュータトレーニングと非コンピュータトレーニングで少なからず効果が示されたが，より効果が大きかったのは定型発達児ではマインドフルネスであったのに対して，非定型発達児では実行機能に関連する方略を教示する支援においてであったことを報告しており，両者の間で効果が異なる可能性が示唆されている。しかし，神経発達障害児を対象とした介入研究は未だ十分に行われているとは言えない。したがって，知的障害児を含む神経発達障害児の実行機能の支援方法に関する知見の蓄積が期待されている。

第5節　おわりに

　特別支援教育の理念は，障害のある幼児児童生徒の自立や社会参加に向けた主体的な取り組みを支援することである。そのためには，自立や社会参加につながる適応行動の観点から適切な支援を行うことが重要である。適応行動を高めることが，知的障害者の日常生活の水準を高めることに直接的につながるからである。知的機能だけではなく，実行機能もまた適応行動を支える要因の一つである可能性が考えられる。したがって，知的機能だけではなく，実行機能にもアプローチすることで，より効果的に適応行動を高めることができるものと考えられる。しかし，実行機能の支援アプローチは多様であり，その効果には個人差があることも想定される。実行機能の発達観の相違を踏まえながら，

知的障害者を対象とした多様な支援アプローチによる介入研究に関するエビデンスを蓄積することが求められている。

引用文献

American Association on Intellectual and Developmental Disabilities (2010). *Intellectual disabilities: Definition, classification, and systems of supports* (11th ed.). 知的障害：定義，分類および支援体系　第11版．太田俊己・金子健・原仁・湯汲英史・沼田千好子（訳）(2012)，日本発達障害福祉連盟.

American Psychiatric Association (2013). *Diagnostic and statistical manual of mental disorders* (5th ed.). Arlington: American Psychiatric Publishing. DSM-5　精神疾患の診断・統計マニュアル　第5版．日本精神神経学会（日本語版用語監修），高橋三郎・大野裕（監訳）(2014)，医学書院.

Best, J. R., & Miller, P. H. (2010). A developmental perspective on executive function. *Child Development, 81,* 1641-1660..

Barkley, R. A. (2016). *Managing ADHD in school: The best evidence-based methods for teachers*. Eau Claire: Pesi Publishing & Media.

Bodrova, E., & Leong, D. J. (2007). *Tools of the mind* (2nd ed.). Columbus: Merrill/Prentice Hill.

Dawson, P., & Guare, R. (2018). *Executive skills in children and adolescents: A practical guide to assessment and intervention*. New York: Guilford Press.

Diamond, A., & Ling, D. S. (2020). Review of the evidence on, and fundamental questions about, efforts to improve executive functions, including working memory. In J. Novick, M. F. Bunting, M. R. Dougherty & R. W. Engle (Eds.), *Cognitive and working memory training: Perspectives from psychology, neuroscience, and human development*. New York: Oxford University Press, 143-431.

Finch, J. E. (2019). Do schools promote executive functions? Differential working memory growth across school-year and summer months. *AERA Open, 5,* 1-14.

池田吉史 (2013). 発達障害及び知的障害と実行機能. SNE ジャーナル, *19,* 21-36.

池田吉史 (2016). 発達障害及び知的障害の実行機能と脳病理. Journal of Inclusive Education, *1,* 132-139.

池田吉史 (2018). 知的障害児の自己制御の支援. 森口佑介（編），自己制御の発達と支援. 金子書房, 66-77.

池田吉史 (2019a). 知的発達障害の心理学研究. 北洋輔・平田正吾（編），発達障害の心

理学：特別支援教育を支えるエビデンス．福村出版，42-56.

池田吉史（2019b）．特別な教育的ニーズのある子どもの実行機能：母国語や貧困等の問題との関連．上越教育大学特別支援教育実践研究センター紀要, *25*, 1-5.

Kaufman, C. (2010). *Executive functioning in the classroom: Practical strategies for improving performance and enhancing skills for all students*. Baltimore: Paul H. Brookes.

Lourenço, O. (2012). Piaget and Vygotsky: Many resemblances, and a crucial difference. *New Ideas in Psychology, 30*, 281-295.

McCloskey, G., Perkins, L. A., & Van Diviner, B. (2008). *Assessment and intervention for executive function difficulties*. New York: Routledge.

Meltzer, L. (2010). *Promoting executive function in the classroom*. New York: Guilford Press.

Takacs, Z. K., & Kassai, R. (2019). The efficacy of different interventions to foster children's executive function skills: A series of meta-analyses. *Psychological Bulletin, 145*, 653-697.

Van der Molen, M. J., Henry, L. A., & Van Luit, J. E. H. (2014). Working memory development in children with mild to borderline intellectual disabilities. *Journal of Intellectual Disability Research, 58*, 637-650.

Westerberg, H., Hirvikoski, T., Forssberg, H., & Klingberg, T. (2004). Visuo-spatial working memory span: A sensitive measure of cognitive deficits in children with ADHD. *Child Neuropsychology, 10*, 155-161.

第7章

重症児の教育心理学的研究と
ソヴィエト心理学

北島善夫

第1節　はじめに

　本書のテーマである運動行為を，本稿の対象である重症心身障害児・者（以下，重症児と略記）について考えると，困難な問題がある。それは，重症児は重度四肢麻痺ゆえに有用な運動（動作）をほとんどもたないためである。

　では，運動行為の考え方に近いものがあると言われるルリヤ，ザポロージェッ（国分，2005），さらにヴィゴツキー学派にまで範囲を広げ，ソヴィエト心理学が重症児研究に及ぼす影響とはどのようなものだろうか。重症児に類似する教育用語に重度・重複障害がある。重複障害を対象としたヴィゴツキー学派の著名な研究者に，メシチェリャコフ（Meshcheryakov, A. I.）を挙げることができる。彼については『ヴィゴツキー学派 ── ソヴィエト心理学の成立過程』の「第4章　考える葦」で紹介されている（レヴィチン，1984）。メシチェリャコフは1974年に「盲聾唖児」（注：「聾」の字は原文のまま表記する）を著し，『盲聾唖教育 ── 三重苦に光を』として日本でも出版された（メシチェリャコフ，1974/1983）。本稿で対象とする重症児は，視覚・聴覚障害を合併することが他障害よりも多いため，定位探索行動を基礎にした日常生活動作の形成については，事例指導の参考となる点が多い。

　しかし重症児の場合，特に療育・教育的働きかけを考える上では，さらに運

動障害や知的障害に考慮する必要がある。知的障害の点についてメシチェリャコフ（1983）は，次のように述べている。「視力・聴力・コトバに障害のある重度の知的遅滞児でも身辺処理の幾つかの技術は教えられるし，幾つかの労働技術を教え得る者もいるということがわかった。…（中略）…身辺処理の技術や行動のしかたを形成しても，それらが一貫したまとまりのある動作や行動になって，自分の判断でおこなわれることはない」（メシチェリャコフ，1983: 285）。また，教育の対象について，「1年間にわたって教育してみたが，望ましい結果が得られないことが確認されたとき」および「それと同時に，発達が進まないのは，脳の機能障害によって知的遅滞をきたしていることが，専門医によって確認されたとき」には対象として不適であると述べている（メシチェリャコフ，1983: 74）。このため，メシチェリャコフの主たる教育対象は，知的障害のない重複障害であったと言える。重症児研究の理論的背景として，メシチェリャコフの知見が参照されることがほとんどないのは，このことが関連していると考えられる。

　以上，重症児の教育心理学的研究と行為論やヴィゴツキー学派との結びつきを筆者なりに要約した。主として，運動行為そのものを行うことの困難と直接参照できる知見の少なさから，概して結びつきは弱いのが現状と言える。このような現状において，本稿では，ソヴィエト心理学に強く影響を受けた重症児研究を概観することによって，ソヴィエト心理学の重症児研究への貢献を明らかにし，今後の課題を提起する。寡聞なためこの問題関心と関わる研究は，松野豊氏（東北大学名誉教授）に指導を受けた者による諸研究となる。主として学位論文に基づき述べていく。

第2節　定位反射系活動の発達神経心理学

　片桐和雄は，1970年代以降活発となる重症児を対象とした生理心理学的研究の先駆者の一人である。片桐の諸研究は，「重度脳障害児の定位反射系活動に関する発達神経心理学」として学位論文にまとめられている（片桐，1999）。序章から終章まで14章で構成される大著である。重症児との関わりでは，大きくは聴性脳幹反応（auditory brainstem response：ABR）を用いた脳幹機能お

よび聴覚閾値に関する研究と，心拍（heart rate：HR）を用いた定位反応（本稿
では定位反応の用語を用いる）に関する研究が挙げられる。

　定位反応を初めて記述したパブロフ，そしてそれを基礎づけたソコロフ
（Sokolov, E. N.）は共にソヴィエトの生理学者であり，ヴィゴツキー学派ではな
いが片桐の研究の基礎の一部をなしている。また，片桐は定位的眼球運動へ及
ぼす言語教示の効果について，ルリヤを引用しつつ考察している。主たる理論
的背景にソヴィエト心理学や行為論があるわけではないが，ソヴィエト心理学
に影響を受けた研究と言える。

■1 能動性の重視

　片桐（1995）は定位反応を，発達研究の立場から「人間とその生きる環境と
のかかわりにおいて，最も早期に出現する，選択的，能動的反応であり，よ
り高次な認識活動を形成する基盤をなすもの」（片桐，1995: 10）と述べている。
定位反応を重症児発達研究のキーワードとして取り上げた背景には，重症児を
受動的な存在としてみる（たとえば「寝たきりの重症児」）のではなく，能動的に
外界を取り込み発達する存在とみる子ども観，能動性の重視が挙げられ，これ
はソヴィエト心理学に通ずるものである。この能動性の重視は，後述する他の
諸研究にも当てはまり，ソヴィエト心理学の重要な影響と言える。

■2 コミュニケーションの重視

　ところで，1993年3月12日の河北新報の夕刊に松野豊氏が以下の原稿を寄
せている。これは，松野による片桐を代表とする重症児研究の評価と言えるも
のであろう。貴重な資料として，また，ソヴィエト心理学との関連を考察する
上で，長い引用になるが以下に転載する。

　　歩みきた道，定年退官の春に③　重度障害児の研究一筋
　　A君は重い先天性水頭症をもって生まれてきた。二歳の頃食事は口か
　ら取ることができたが，通常は目覚めているのかどうかも分からなかった
　し，働きかけても外からその変化を知ることはできなかった。このような
　場合何とかその変化を的確に摑む手立てはないものであろうか。変化が分

かれば療育者は元気が出ようし，何に変化が起こったのかが分かれば，働きかけの工夫もできようというものである。変化を摑む方法として心拍数を計ることにした。心拍数は心理的変化によって変化することが知られているし，日常生活場面で非常にとりやすいのである。

　さてA君の容体も安定してきたので，人間関係を築くことに療育の基本を置きつつ，まず二歳十カ月からはできるだけ目覚めさせ，生活リズムを作ることを目標に，食事場面で名前を呼びながら近づき，名前を呼びつつ，手，足，身体をさすり，目覚めさせ，楽しい雰囲気で食事に入るよう取り組んだ。十カ月たって目立った変化を認めることは難しかった。三歳七カ月からは，毎日一回十五分から二十分の個別指導場面を作り，名前を呼び，触れ合い，歌遊びを行った。戸外への散歩も積極的に取り入れた。四歳時には頭囲も百十九センチになり，ストレッチャーに移すのも容易なことではなかった。この頃になるとA君はどうも目覚めているらしいという印象は得られるようになった。

　さて心拍数の測定の結果やいかに。外からはかすかな変化しか読みとれなかった三歳七カ月のときのデータによれば，名前を呼びながら食事であることを伝えると，持続的な心拍反応が出現し，それまで一分間平均九十六拍であった心拍数が百十四拍にも増加したのであった。また，四歳四カ月のとき，歌遊びに入る前傍らで名前を呼ぶと同様の持続的心拍反応が生じた。他方，一過性の心拍反応をみると，三歳時には弱い加速反応が出現したのに対し，四歳時には明確な減速反応が生じたのである。これらの心拍反応の存在，その変化発達は療育者たちを喜ばせ，また新たな取り組みへの意欲を起こさせたのである。

　ところで心拍数の測定は日常生活場面で行われるので，絶えずいろいろな外来刺激がやってくる。これらの物音も記録し，そのときの心拍反応も見ているのであるが，療育者が名前を呼びかけるとき最も早く，明確な反応が生じるのであった。前記の一過性減速反応は，外界に何か変化が起こったときに生ずる定位反応の一成分であり，外界認識の基礎をなし，心理発達の最も中核的な機構である。前記の一過性加速反応等もこの反射の前史である。これらの反応が他の外来刺激よりもまず日頃かかわりを持つ

人の働きかけ，呼びかけに対して生じ，その後他の刺激に対して生じてくるということは，まさに人間の発達が人間的かかわりの中でこそ発達するということを示すものではなかろうか。

　これは二十数年前研究室ができたとき，重障児をこそまず研究すべきだと取り組んでいた学生たちの二十余年にわたる研究の一部である。

（原文まま）

　本文後半で強調されているように，子どもは人とのコミュニケーションを通して発達するという発達観は，片桐の重症児研究で一貫して重視されている。片桐は，たとえば，乳児の心拍反応の発達的変化について，「乳児にとって量と質の両面で最も重要な刺激の源泉が母親である」（片桐，1999: 22）と，乳児発達における母親の役割を強調した。そして，第一の発達的変化である定位反応の優勢化も，また，第二の発達的変化である「第二の加速反応の出現」も，身近な親しい母親（または，療育者）の働きかけに対して，より早く生じることを指摘している。このように，人とのコミュニケーションを重視する観点はソヴィエト心理学の強い影響と言える。

▣ 現実生活，生活文脈の活動の重視

　片桐（1999）は，心拍反応の記録方法については，ギブソンの提唱した生態学的妥当性を引用しつつ，日常生活場面での測定を重視した。また，重症児の指導においては，「長期間を要するものの，重障児はこのような現実の生活における文脈性のある経験を通して，まず大人との関係を知り，その後しだいにより広範な環境に対する随意的で能動的な応答を獲得していく」（片桐，1999: 24-25）と述べ，大人の役割を強調すると同時に現実の生活における意味のある経験を重視した。これらの指摘は，実践的活動を重視するソヴィエト心理学と通底すると考えられる。

第3節　生命活動の脆弱な重度重複障害児への教育的対応

川住隆一は，大学院時代には先述の片桐と重症児の定位反応に関する共同研

究を行った。国立特別支援教育総合研究所に勤務後は，重度・重複障害に対象を広げ，研究手法も事例研究を行うなど，幅広い研究を行った。それらの取り組みは，「生命活動の脆弱な重度・重複障害児への教育的対応に関する実践的研究」として学位論文にまとめられている（川住，1999）。タイトルにもあるように，特に脆弱な重症児（「医療的ケア」を要する児を含む）に対して，HRのモニターや酸素飽和度（SPO_2）の測定等，指導場面での生理指標の活用が特徴として挙げられる。

定位反応研究に関しては，片桐同様に広い意味でのソヴィエト心理学の影響が窺われる。重症児の主要な指導領域である定位・探索行動およびコミュニケーション行動の促進に関する実践研究では，12事例について詳述しているが，ソヴィエト心理学を理論的背景として考察してはいない。

第4節　定位・探索行動の形成とコミュニケーション

細渕富夫は，学位論文を「重症心身障害児における定位・探索行動の形成」としてまとめている（細渕，2003）。アンケート調査やOrdering Analysisによる発達の機能連関の検討によって4つの指導仮説を設定し，自らによる8事例の指導実践を通して検証し，定位・探索行動の指導を体系づけている。前二者に比べ，より強くソヴィエト心理学に理論的背景をもつ研究と言える。

■1 能動性およびコミュニケーションの重視

細渕（2003）は「はじめに」で次のように述べた。「自らの意思を表明することがきわめて困難な重症児においては，彼らの外界へ向かう力，すなわち『能動性』を高める取り組みが重要となる。そのためには，微弱な行動変化ではあっても，その背後にかすかに認められる意思をそれとして受けとめ，応答していく大人の存在が不可欠である。これが重症児との係りの基盤となる」（細渕，2003: i）。これらは，片桐（1995）でも重視された観点である。

■2 実践的行為の重視および視知覚への内化

細渕（2003）は，ザポロージェツやレオンチェフ（Leont'ev, A. N.）を引用し

つつ知覚における運動の意義を次のように強調した。「定位的行為は，はじめ，主体の実践的活動の有機的部分として発生，発達し，その活動の有機的部分と固く結びついている」（細渕，2003: 133）。また，事例で形成された定位的行為については，ヴェンゲル（Venger, L. A.）を引用しつつ「視覚的遂行に先立って，手の運動という形で定位的行為が実現されているのである。この外的行為はのちに短縮化されて，視覚的定位行為となる」（細渕，2003: 208-209）と，実践的活動の中で形成される定位的行為が視覚的定位行為に内化されるという知覚と行為の関係について言及している。

❸ リシナのコミュニケーション論

川住（1999）も細渕（2003）も，重症児の事例指導においては指導者とのコミュニケーションを重視し，定位・探索行動との関連性を検討している。しかし両者共に，ソヴィエト心理学のコミュニケーション論を理論的背景とした記述は見当たらない。ソヴィエト心理学のコミュニケーション論を理論的背景とした重症児（正確には重度・重複障害児）の事例研究として，堀越秀範らによる一連の研究を挙げることができる。理論的背景にはリシナ（Lisina, M. I.）のコミュニケーション論がある。リシナはレオンチェフの活動理論に基づき，乳幼児のコミュニケーションの発達段階を提起した（ザポロージェツ・リシナ，1974/1979；Lisina, 1985）。

堀越・北島（1991）は，細渕（1986）の以下の指摘に課題意識をもった。「外界への働きかけがどのような質のコミュニケーション活動に支えられているか，また逆に事物への働きかけがどのような質のコミュニケーション活動を実現させたか，といった内的関連について検討する必要がある」。堀越・北島（1991）は事物操作の指導においては，ザポロージェツ（1960/1965）の指摘する随意運動の３つの習得様式（受動運動法，模倣，言語教示）を念頭に，特に受動運動法（ガイダンス法）から模倣へと主たる習得様式が切り替わる際に，指導者とのコミュニケーションにどのような変化が必要なのかを，リシナのコミュニケーション論で挙げられた４つの指標の出現様相から検討した。指導場面を事物を介した指導者とのコミュニケーション場面として捉え，指導者とのコミュニケーションの変化によって行為のモデルとして指導者の演示を見る見方に変わ

ることを指摘した。

　また，堀越らは盲重複障害児の触探索行動の指導を次の２論文にまとめた（堀越・北島・細渕，1993；堀越ら，1995）。指導者の顔や口を探索対象とする「顔探索」課題で生じた探る動きが事物を探索する触探索（ビー玉を探す）へと般化した可能性があること，この変化にはコミュニケーション欲求から探索欲求へと内面での欲求・動機系の変化があることが考察された。リシナのコミュニケーション論については，拙論「重症心身障害児のコミュニケーション指導の視点」（北島，2006）を参考にされたい。コミュニケーション指導の実態把握では欲求・動機の視点が重要であり，その際にはリシナのコミュニケーション論や４つの指標が有益であることを述べた。

第5節　期待反応の発達と援助

　北島は，片桐の定位反応を発展させ，定位反応優勢後の発達課題として期待反応の発生と分化を，主として心拍指標を用いて検討した（北島，2009）。北島の研究は，「重症心身障害児・者における期待反応の発達と援助」として学位論文にまとめられている。

　北島の研究の特徴も細渕（2003）と同様，能動性およびコミュニケーションの重視にある。北島（2009）は能動性に関して，定位反応とは質の異なる能動性が期待反応には反映されることを次のように述べた。「それは，『予期』の用語に表現される，まだ起きていない将来を見通す力である。乳児の視覚的予期を組織的に検討した Haith は，予期を未来定位的過程（future-oriented process）と呼んで，その能動的性質を強調している。能動的刺激受容の点では両者は類似するが，この点が定位反応とは大きく異なる」（北島，2009: 40）。また，北島は，片桐が定位反応を聴覚系機能の評価に位置づけたのに対し，期待反応を初期シンボル機能の形成としてコミュニケーション発達に位置づけて検討した。

第6節　おわりに

　以上，ソヴィエト心理学に強い影響を受けたと考えられる重症児の教育心理

学的研究に関して，学位論文を中心に，片桐，川住，細渕，北島，堀越の研究を検討した。概して，能動性とコミュニケーションの重視を挙げることができた。これらは近年の発達心理学の動向とも一致する（内田，2004）。

　重症児研究は事例の指導を中心とした知見を蓄積しながら，他障害とはやや異なる理論的背景をもちつつ発展してきた。たとえば，梅津・鹿取による信号系活動（梅津，1997；鹿取，2003），中島による初期学習（中島，1977），鳥居による視覚障害者の機能代行（鳥居，1993）などが挙げられる。北島（2007）は，重症児研究の課題として，状態像の多様性に留意した重症児独自の発達理論の構築を指摘した。従来の重症児研究の蓄積に，ソヴィエト心理学の理論的背景をもつことによる長所（能動性，コミュニケーションの重視）をいかすことによって，重症児研究がさらに発展していくと考える。

追記

　私事であるが，1993（平成5）年3月に指導教員であった松野豊教授が定年退官を迎え，その年の4月に私は現在勤務する大学に赴任した。そのため，私が松野研究室の最後の重症児研究者となったと自覚している。本稿は，北島が松野研究室の重症児研究をふり返るものとなった。そのため，重症児に関わる研究活動の後半の言及が厚くなっている。言及できなかった諸先輩方には，お詫び申し上げる。また，卒業論文から始まり学位論文に至るまで，國分充先生には大変にお世話になった。このような執筆の機会を与えてくださった國分・平田両先生に感謝申し上げる。

引用文献

堀越秀範・葉石光一・北島善夫・細渕富夫（1995）．視覚障害を伴う精神遅滞幼児における触探索の形成に関する一考察：一事例の指導経過から．長野大学紀要，17, 88-97.
堀越秀範・北島善夫（1991）．一重複障害幼児における事物操作習得とその際の大人とのコミュニケーション：「ひろがり」をもつ操作の習得のために．障害者問題研究，67, 283-291.
堀越秀範・北島善夫・細渕富夫（1993）．視覚障害を伴う精神遅滞児の触探索に関する指導内容と方法（教具）：本邦における研究概要と課題．長野大学紀要，15, 308-321.

細渕富夫（1986）．重度・重複障害児における目と手の操作の高次化に関する指導内容と方法（教具）．発達障害研究，*7*, 304-312.

細渕富夫（2003）．重症心身障害児における定位・探索行動の形成．風間書房．

片桐和雄（1995）．重度脳障害児の定位反射系活動に関する発達神経心理学．風間書房．

片桐和雄（1999）．聴覚系機能と認知発達．片桐和雄・小池敏英・北島善夫（編），重症心身障害児の認知発達とその援助：生理心理学的アプローチの展開．北大路書房，26-61.

鹿取廣人（2003）．ことばの発達と認知の心理学．東京大学出版会．

川住隆一（1999）．生命活動の脆弱な重度・重複障害児への教育的対応に関する実践的研究．風間書房．

北島善夫（2006）．重症心身障害児のコミュニケーション指導の視点．障害者問題研究，*33*, 283-290.

北島善夫（2007）．教育実践に基づく重症児発達研究の課題．荒川智・越野和之（編），障害者の人権と発達．全国障害者問題研究会出版部，120-129.

北島善夫（2009）．重症心身障害児・者における期待反応の発達と援助．風間書房．

国分充（2005）．小特集「障害児・者の運動行為へのアプローチ」の企画にあたって．発達障害研究，*27*, 1-3.

レヴィチン，K.（1984）．ヴィゴツキー学派：ソビエト心理学の成立と発展．柴田義松（監訳）（1984），プログレス出版社．

Lisina, M. I.（1985）．*Child-Adults-Peers*. Moscow：Progress Publishers.

メシチェリャコフ，A.（1974）．盲聾唖児教育：三重苦に光を．坂本市郎（訳）（1983），プログレス出版社．

中島昭美（1977）．人間行動の成り立ち：重複障害教育の基本的立場から．重複障害教育研究所研究紀要，*1*, 1-50.

鳥居修晃（1993）．視覚障害と認知．放送大学教育振興会．

内田伸子（2004）．発達研究の現在 —— 生得か経験か：発達研究の方法論と言語学習を中心に．稲垣佳世子・湯川隆子（編），児童心理学の進歩 2004年版．金子書房，1-30.

梅津八三（1997）．重複障害児との相互輔生：行動体制と信号系活動．東京大学出版会．

ザポロージェツ，A. V.（1960）．随意運動の発達．西牟田久雄（訳）（1965），世界書院．

ザポロージェツ，A. V., リシナ，M. I.（1974）．乳幼児のコミュニケーション活動の研究．青木冴子他訳（1979），新読書社．

II
発達障害と不器用

第8章

障害児における「不器用」をめぐって

脳性麻痺・知的障害・自閉症スペクトラム障害

平田正吾

第1節　はじめに

　知的障害や自閉症スペクトラム障害（ASD）などの様々な発達障害がある者において，その運動がしばしば稚拙であり，時に「不器用」とも評されることは，臨床的によく知られた事実である。だが，こうした場合に，それは彼らが不器用の医学的診断名ともされる「発達性協調運動障害（DCD）」を有していることを意味しているのであろうか（DCD の定義については，第9章を参照されたい）。そもそも日常的に使われる「不器用」という語の含意と DCD という概念が，どの程度対応するものであるのかについても十分に明らかではないのであるが，国際的な診断基準の最新版である DSM-5 や ICD-11 においては現在，これらの障害に DCD が併存しているとすることは可能ではある（平田, 2019a）。しかしながら，知的障害や ASD における「不器用」の特徴を吟味していくと，それは併存するものというよりも，それぞれの主たる障害と関連をもつものとして時に立ち現れてくる。本章では，この点について述べる。

第2節　知的障害と「不器用」

　知的障害における「不器用」の特徴や，知的障害と DCD の併存を考えると

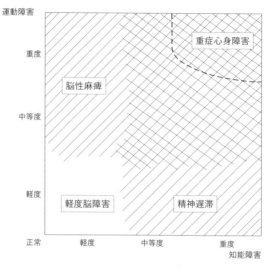

図 8-1　前川（2003）の概念図

き，まず注目すべきは知的障害と脳性麻痺（cerebral palsy：CP）との関係である（平田・奥住・国分，2019）。知的障害の成因として脳における何らかの病理を想定することは妥当なものと思われるが，CP もまた発達初期（我が国の定義では，受胎から新生児）における非進行性の脳障害に基づくものであることを踏まえると，時に両者が共に現れること，すなわち重度重複障害が生じることは，よく理解できる。ただし，この点に関して前川（2003）は，脳障害に基づく知的機能の障害（知能障害）と運動機能の障害（運動障害）の関係を図 8-1 のように整理した上で，「重症心身障害児は均一の病像でなく，脳性麻痺的要素の強いものや，知的障害が強いものなど様々である」ことに注意を促している（前川，2003: 2）。

　さて，この前川（2003）の概念図で興味深いのは，知的障害（精神遅滞）においては CP ほどではないにせよ，脳障害に基づく軽度の運動障害が想定されるということである。同様に，CP においても知的障害ほどではないにせよ，脳障害に基づく軽度の知的機能（認知機能）の障害が想定される（この点については，平田ら（2014b）も参照されたい）。かつてデンホフ（Denhoff, E.）は CP を，脳障害による多面的な問題の表れの一側面とし，知的障害，てんかん，中枢性視聴

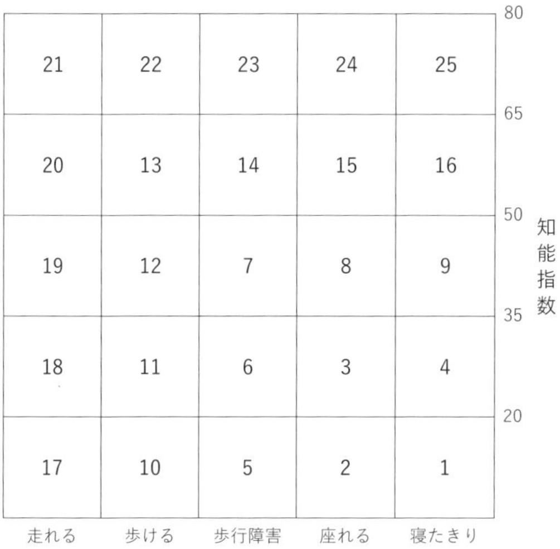

					知能指数
21	22	23	24	25	80
20	13	14	15	16	65
19	12	7	8	9	50
18	11	6	3	4	35
17	10	5	2	1	20
走れる	歩ける	歩行障害	座れる	寝たきり	

図 8-2　大島の分類

覚障害などを含む一連の症候群，すなわち syndromes of cerebral dysfunction として捉えることを提唱した（廿楽，1980）。国分（1994）は前川（2003）の図を，こうしたデンホフによる syndromes of cerebral dysfunction 概念を視覚化したものとして捉えている。また，このような知的機能の障害と運動機能の障害の関係を，より具体的な障害分類の手法に当てはめるならば，それはよく知られた大島の分類（図 8-2）となる。

　国分（1994）は，前川（2003）の整理やデンホフの syndromes of cerebral dysfunction 概念に基づき，いわゆる知的障害を単独で示すとされる者においても一次障害としての運動障害がありうる可能性を指摘している。たとえば国分（1994）は，動的バランスと静的バランスのいずれにも問題が認められる知的障害児・者においては，言語による行動調整能力の問題が軽微な者でも，よく知られた指鼻試験や前腕の回内回外変換運動などの協調運動の評価課題において問題が認められることを明らかにしている。杉山（1999）もまたこれと同様に，いわゆる神経学的ソフトサイン（国分（1994）が実施した課題も，この評価手法に含まれるものである）を診ることによって，知的障害における中枢性の協調運動障害を検出しうる可能性を指摘している。

表8-1　神経学的ソフトサインの一例
(前川, 2003 をもとに作成)

- 微妙な協調運動を要することが下手
- 舞踏病様不随意運動
- 連合運動
- 指失認
- 注視眼振
- 左右認識障害
- 片眼のウィンクができない
- ぎこちない歩き方

　神経学的ソフトサイン (neurological soft sign) とは, 局所的な脳障害に還元されない微細な神経症候であり, いわゆる微細脳機能障害 (minimal brain dysfunction：MBD, 図8-1の「軽度脳障害」の箇所と概ね対応する) のある児の検出手段として, かつては使用されていた (前川, 2003)。表8-1は, 代表的な神経学的ソフトサインの一例を示したものである (前川, 2003)。神経学的ソフトサインは神経系の成熟が進むにつれ出現しなくなり, 定型発達児では10歳以後に消失する傾向にある (前川, 2003)。しかし, 杉山 (1999) によると知的障害児においては, 青年期に至ってもこの神経学的ソフトサインが陽性である者が少なからず認められる。国分 (1994) や杉山 (1999) を踏まえると, 神経学的ソフトサインは知的障害における一次障害としての運動障害を評価しうるものではないかと考えられる。

　DCDや注意欠如多動性障害 (ADHD), 限局性学習障害といったいわゆる軽度発達障害の概念が整理され, MBD概念が解体されることにより, 神経学的ソフトサインはその重要性が低下したかのようにも思われる。しかしながら, 神経学的ソフトサインは, minor neurological dysfunction (MND, 軽微な神経機能障害) とも呼ばれつつ, 現在でもADHD児 (Gong et al., 2015) やASD児 (De Jong et al., 2011) に対して実施されている。また, 我が国においても原 (2017) が, 発達障害児における神経学的ソフトサインの評価の重要性を自らのデータと共に報告している。Hadders-Algra (2010) は, 一連の神経学的ソフトサインを評価することから, 単純型MNDと複合型MNDが見出されると

している。簡潔に言うと，単純型 MND では過剰な連合運動や不随意運動など
の問題が単独で認められるのに対し，複合型 MND ではより全般的な協調運動
の問題が認められる。Hadders-Algra（2010）によると複合型 MND は，その
リスク要因の類似性から CP と連続性をもつものと考えられる。さらにこの複
合型 MND は，標準化された運動アセスメントで低成績を示す場合が多いとさ
れており，ほとんど DCD と対応するものと思われる。我が国でも柏木・鈴木
（2009）は，簡易的な問診と神経学的ソフトサインを組み合わせた DCD 検出法
の有用性を報告している。

　ここに至り，CP と DCD は互いに独立した概念ではなく，同一のスペクト
ラムに位置づけられるものとなる。これは前川（2003）の概念図からも容易に
予想できることである。近年の疫学研究では，早産が CP や DCD のどちらの
リスク要因でもあることが指摘されている。脳室周囲白質軟化症（PVL）のよ
うな大脳白質における重度の損傷は，早産児に生じる CP の主要な病理である
が（平田ら，2014a；Spittle & Orton, 2013），CP ではない早産児においても白質異
常の程度と MABC-2 のような運動アセスメントの成績に関連が認められる（た
とえば，Spittle et al., 2011）。こうしたことからも，CP と DCD をスペクトラム
として捉えることの妥当性が確かめられる。

　国分（1994）や杉山（1999）が指摘するような知的障害における神経学的ソ
フトサインの出現を，その局所的意義は明確でないながら彼らの脳病理からの
一次症状とするならば，これは知的障害に DCD が併存していると言いうるも
のなのであろうか。国際的な DCD の診断基準では現在，「知的障害によって
はうまく説明されない運動機能の問題」を示している場合，知的障害の DCD
の併存診断が可能となる。この基準が具体的に何を意味するのかについては
不明確な点が未だ多いが（平田，2019b），神経学的ソフトサインが知的障害の
病理から一次的に出現するものとするならば，そうした運動機能の問題は知
的障害によって説明しうるものであり，知的障害に DCD が併存しているとは
言えないのではないだろうか。ただ，国際的な診断基準では現時点において，
DCD における神経学的ソフトサインの症候的意義は明確でないともされてお
り，また神経学的ソフトサインと運動アセスメントの成績との関係が明確でな
いとする報告（Volman & Geuze, 1998）もあることを踏まえると，神経学的ソフ

トサインの意義を明らかにするための検討が急がれていると言える。また，国分（1994）でも，神経学的ソフトサインの問題を示さない知的障害者も存在していることが報告されている。

知的障害も CP も DCD も，その定義が現時点では症状・行動レベルでなされるものであり，これは必然的に病理が異なる者たちをそれぞれの群の中に含むこととなる。したがって，知的障害においては一次障害として重篤な運動障害（CP）を示すものに加え，一次障害として軽微な運動障害を示すものと，示さないものの 3 群に，その区別は必ずしも容易ではないものの，理論的にはまず分けられると言える。第 2 章でも述べられているように，知的障害児・者の運動面の特徴の一側面については，それを自らの運動障害に対する代償的な方略の表れとしても捉えられる。ラタッシュがダウン症者における運動遂行の特徴を，自らの遺伝子障害に基づく小脳の問題への適応としていることも踏まえると（Latash, 2008），知的障害における一次的な運動障害の個人差は，彼らの全般的な状態像の多様性を生み出す要素の一つであると言える[1]。

第 3 節　自閉症スペクトラム障害と「不器用」

ASD は，そもそもは自閉症とアスペルガー症候群を包括する概念であり，社会性・コミュニケーション・イマジネーションの各領域における障害，いわゆる「3 つ組の障害」によって，従来定義されてきた。DSM-5 への改訂により，自閉症とアスペルガー症候群という下位分類の廃止や，診断基準の変更が行われるとともに，DCD の併存診断が新たに可能となった。だが，たとえばアスペルガー症候群において，運動の不器用さが認められることは，アスペルガーの報告から指摘されていたことではある（Asperger, 1944/2008）。アスペルガー症候群においては，MABC-2 のような標準化された運動アセスメントの成績が暦年齢から期待される水準よりも低く，DCD の存在を疑いうる場合が多いことが多くの研究で指摘されている（平田，2019a）。

注 1　ベルンシュタイン（1996/2003）は，動作の発達における「個性」を強調している（「すべての人々はみな同じように歩くだろうか？」（ベルンシュタイン，1996/2003: 272））。しかし，こうした観点から，障害児・者の運動を見る研究は未だ少ないように思われる。

だが，ここで注目すべきは，アスペルガー症候群における社会性障害の重症度が運動アセスメントの成績と関係するということである。すなわち，社会性障害が重篤な者ほど，運動アセスメントの成績も低下する傾向にある（たとえば，Hirata et al. 2014）。アスペルガー症候群において，なぜ社会性障害の重症度と運動アセスメントの成績が関係するのかについては，社会性と協調運動のいずれにも小脳が関与しているとするような脳の関連部位の共通性から説明しようとする立場や，発達初期における運動機能の問題が社会性の発達を阻害するという発達的観点から説明しようとする立場が認められる（Hirata et al., 2014）。いずれにせよ，アスペルガー症候群における社会性障害という主要な特徴の個人差が運動機能と関わりをもつのであるならば，彼らにおける運動面の問題はDCD が併存しているというよりも，彼らの主たる症状を構成するものの一つとする方が適当であるように思われる。

　社会性障害と運動機能の関連は，知的障害を伴う自閉症においても見出すことができるように思われる。平田ら（2010）は第2章でも取り上げたおぼん運び課題を，知的障害を伴うダウン症児および自閉症児，その他の知的障害児の3群に実施し，その成績を比較した。さらにこの研究では，通常の速さでの3m 歩行の所要時間も併せて計測することにより，おぼん運び課題の運動遂行に対する負荷がどの程度であるのかについても検討された。測定の結果，自閉症児においては，おぼん運び課題の所要時間と通常歩行の所要時間の差が，ダウン症児やその他の知的障害児よりも小さいことが明らかとなった。平田ら（2010）では，自閉症児におけるこうした運動遂行の特徴は，一見すると彼らの運動機能の高さの表れであるようにも見えるが，「おぼん運び」という具体的な環境設定によって，彼らの実行機能の問題が補償されたからではないかと考察している。しかしながら，ここで報告されている自閉症児の特徴は，自らの動きによって変化する対象物の状態（この場合はコップの中の水の揺れ）に対する鈍感さの表れとしても捉えられるかもしれない。

　私たちの周囲にあって，自らの動きによって変化するもの，そうしたものの一つには当然，自分以外の他者が含まれるであろうし，対人交流を多人数による相補的な運動とするならば，自閉症児における運動遂行の問題は，社会性障害と同型の構造を有するものとして立ち現れてくる。これはいささか思弁的な

解釈ではあるが，自閉症児の特徴の一側面を捉えているように筆者には思われる。いずれにせよ，自閉症とアスペルガー症候群における社会性障害と，運動機能の関連について今後，さらに検討していく必要がある。また，近年ではDCD児や特異的言語発達障害児においても，社会性と運動機能の関連が認められることが報告されている（Leonard & Hill, 2014；平田・奥住，2016）。このような研究動向は，小児における運動機能の問題を単にDCDの存在を示すものとしてのみ捉えるのではなく，他の心理機能とどのような関わりがあるかという観点から捉え直すことの重要性を示唆しているのではないだろうか。

第4節　自閉症スペクトラム障害における運動課題のプロセス分析

　上述したようにASD児，特にいわゆるアスペルガー症候群においては，MABC-2のような運動アセスメントの低成績がよく認められる。それでは，こうした運動アセスメントの低成績は，具体的に運動遂行中のどのような特徴から生じているのであろうか。平田（2017）は，手指運動を取り上げ，アスペルガー症候群における課題遂行の様相を定性的に評価することから，この点について検討した。なお，ここで手指運動を取り上げたのは，自らのデータではMABC-2における「手先の器用さ」に問題を示す者が最も多くなっていたからである。

　対象となったのは，筆者が継続的に評価を行っているアスペルガー症候群のある小児11名（平均14歳）である。全員が11歳以上であったため，MABC-2におけるage band 3の課題が実施された。一連の課題の中から，「手先の器用さ」領域における「片手での作業」を取り上げ，その遂行様相を毎秒120コマの高速度撮影で対象者の側方から記録した。ここでの「片手での作業」とは，ペグボードに挿されたペグを1本ずつ摘まみ上げ，指先を使ってひっくり返して差し戻すことが求められるものである。定められた本数のペグを，すべてひっくり返し終わるまでの所要時間が記録される。作業は利き手と非利き手の両方で行い，その成績を原版の基準にしたがい標準得点（平均10，標準偏差3）に換算する。測定の結果，まず標準得点を見ると，その得点が7点以下で暦年齢から期待される水準よりも成績が低い者が2名見出された。これら2名

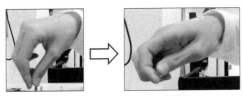

《 年齢相応の成績でない者の把持様式，把持様式 2 》
まず親指と中指で把持し，その後人差し指で回転

《 年齢相応の成績の者の把持様式，把持様式 0 》
まず親指と人差し指で把持し，その後中指で回転

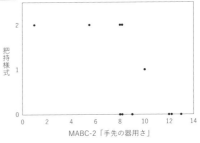

《 把持様式と運動課題の成績の関連 》

図 8-3　運動課題のプロセス分析

と，同じ暦年齢であるが課題の成績が暦年齢相応の者とを比較しつつ，課題の遂行様相の特徴を撮影された画像をもとに分析したところ，得点が低い者とそうでない者では，ペグを摘まみ上げ，その後回転させる際に使用する指に，差異が認められることが明らかとなった（図8-3）。

　まず，得点が低い者では，いずれの手でもペグを親指と中指でまず摘まみ（しばしば人差し指を添えている），その後，人差し指を使用してペグを回転させる（把持様式2）。一方，得点が年齢相応の者では，いずれの手でもペグを親指と人差し指でまず摘まみ，その後中指を使用してペグを回転させる（把持様式0）。こうした差異が見出されたため，対象者全員における課題の遂行様相をペグの把持様式に注目して分析を行い，課題の得点との関係を見たところ，把持様式2の者では得点が比較的低い傾向にあることが明らかとなった（なお，図中の把持様式1とは，片手でのみ把持様式2が認められた者である）。同様の傾向は，3ヵ月後の測定でも認められた。

　平田（2017）は，「片手での作業」課題の得点が低い者における把持様式の特徴を，ペグの回転操作における人差し指への依存ではないかとしている。すなわち，課題の得点が低い者においては，得点が高い者のように「中指でペグ

を回転させる」という，時にペグを落とす危険性のある動作を行うことを避け，確実にペグを回転させることができる人差し指での操作を行うために，まず親指と中指での把持を行っているのでないかと考察した。つまり，課題の成績が低い者の把持様式の特徴は，自らの手指による協調運動の問題に対する代償的な運動プランニングの表れであるとしたのである。

　近年，DCD 児の粗大運動制御の特徴を，自らの姿勢の不安定性を補うための方略の表れとする報告もあることを踏まえると（Wilmut, Du, & Barnett, 2015），こうした解釈は不自然なものではない。そして，このように彼らの把持様式の特徴を捉えたとき，その基底を成す対象物操作の稚拙さとは，神経学的ソフトサインの一種として見ることができるようにも思われるのである。ASD 児における神経学的ソフトサインと運動アセスメントの成績の関係や社会性障害の重症度の関係について検討したものは，筆者の知る限りほとんど存在しない。こうした運動課題のプロセス分析も含んだ評価の適用可能性について，今後さらに検討していく必要があるだろう。

第5節　おわりに

　ここまで知的障害や ASD における運動面の特徴を，DCD の併存ではなく，彼らの主たる障害と関わりをもつものとして解釈する立場を見てきた。こうした立場は，各障害の病理や成因を理解する上で，重要な役割を果たすものと思われる。各障害における「不器用」を，安易に DCD とせずに，その多様性や成立メカニズムに注目していくことが，より深い障害理解につながっていくのではないだろうか。

　他章でも述べられているように，現在注目されている DCD への支援として，児の日常生活における具体的な困難にまず主眼を当てる生態学的視点による支援がある。このアプローチはきわめて実践的であり，その意義は明らかであるが，時に具体的な困難の発見と改善の報告に終始することに陥る危険性もまたあるように思われる。障害のある個々人の具体性と，その障害の本質をめぐる問いは，いかにして両立が図られるのであろうか。これは障害児の「不器用」のみに関わることではないであろうが，その解決の糸口が「不器用」について

の研究を進める先に現れることを期待したい。

引用文献

Asperger, H. (1944). Die "Autistischen" Psychopathen im Kindesalter. *Archiv für Psychiatrie und Nervenkrankheiten, 117,* 76-136. 池村義明（訳）(2008). ドイツ精神医学の原典を読む. 医学書院, 273-319 所収.

ベルンシュタイン, N. A. (1996). デクステリティ：巧みさとその発達. 工藤和俊（訳）(2003), 金子書房

De Jong, M., Punt, M., De Groot, E., Minderaa, R. B., & Hadders-Algra, M. (2011). Minor neurological dysfunction in children with autism spectrum disorder. *Developmental Medicine and Child Neurology, 53,* 641-646.

Gong, J., Xie, J., Chen, G., Zhang, Y., & Wang, S. (2015). Neurological soft signs in children with attention deficit hyperactivity disorder: Their relationship to executive function and parental neurological soft signs. *Psychiatry Research, 228,* 77-82.

Hadders-Algra, M. (2010). *Neurological examination of the child with minor neurological dysfunction* (3rd ed.). London: MacKeith Press.

原仁 (2017). 地域療育における医療の役割. 小児の精神と神経, *56,* 325-339.

平田正吾 (2017). 自閉症スペクトラム障害児における不器用の発生メカニズムについての検討. 特殊教育学研究, *54,* 439-440.

平田正吾 (2019a). 知的障害児と自閉スペクトラム症児における運動機能についての研究動向：発達性協調運動障害との関連と MABC-2 による評価. 特殊教育学研究, *56,* 241-249.

平田正吾 (2019b). DCD を伴う知的障害児の特性と支援. 辻井正次・宮原資英（監修）, 発達性協調運動障害（DCD）：不器用さを伴う子どもの理解と支援. 金子書房, 160-173.

平田正吾・奥住秀之 (2016). 発達障害児の調整力：自閉症スペクトラム障害と知的障害を中心に. バイオメカニクス研究, *20,* 205-211.

平田正吾・奥住秀之・国分充 (2019). 知的障害児に対する神経心理学的診断・評価についてのノート(2) 発達性協調運動障害と知的障害及び脳性麻痺の関係について. おおみか教育研究, *22,* 29-34.

平田正吾・奥住秀之・北島善夫・細渕富夫・国分充 (2010). 臨床型別に見た知的障害児のおぼん運び課題. 東京学芸大学紀要総合教育科学系, *61,* 301-308.

平田正吾・奥住秀之・北島善夫・細渕富夫・国分充（2014a）．脳性麻痺の疫学について
　の研究動向(2)　1990年代における我が国での調査についての文献検討．千葉大学教
　育学部研究紀要, *62*, 133-138.

平田正吾・奥住秀之・小林巌・北島善夫・細渕富夫・国分充（2014b）．脳性麻痺の心理
　機能についての研究動向：脳性麻痺児における実行機能についての文献検討．東京
　学芸大学教育実践研究支援センター紀要, *10*, 113-123.

Hirata, S., Okuzumi, H., Kitajima, Y., Hosobuchi, T., Nakai, A., & Kokubun, M. (2014).
　Relationship between motor skill and social impairment in children with autism
　spectrum disorder. *International Journal of Developmental Disabilities, 60,* 251-256.

柏木充・鈴木周平（2009）．問診と微細神経学的徴候による不器用さの簡易判定法につい
　て．脳と発達, *41,* 343-348.

国分充（1994）．精神遅滞児・者のバランスの多要因的・多水準的解析．風間書房.

Latash, M. L. (2008). *Neurophysiological basis of movement* (2nd ed.). Human Kinetic
　Publishers.

Leonard, H. C. & Hill, E. L. (2014). Review: The impact of motor development on
　typical and atypical social cognition and language: A systematic review. *Child and
　Adolescent Mental Health, 19,* 163-170.

前川喜平（2003）．小児の神経と発達の診かた　改訂第3版．新興医学出版社.

Spittle, A. J., Cheong, J., Doyle, L. W., Roberts, G., Lee, K. J., Lim, J., Hunt, R. W., Inder, T.
　E., & Anderson, P. J. (2011). Neonatal white matter abnormality predicts childhood
　motor impairment in very preterm children. *Developmental Medicine and Child
　Neurology, 53,* 1000-1006.

Spittle, A. J., & Orton, J. (2013). Cerebral palsy and developmental coordination
　disorder in children born preterm. *Seminars in Fetal and Neonatal Medicine, 19,*
　84-89.

杉山登志郎（1999）．児童精神科臨床における不器用さの問題．辻井正次・宮原資英
　（編），子供の不器用さ．ブレーン出版, 175-188.

廿楽重信（1980）．脳性麻痺の定義と分類．小児内科, *12,* 1953-1961.

Volman, M (Chiel). J. M. & Geuze, R. H. (1998). Relative phase stability of bimanual
　and visuomanual rhythmic coordination patterns in children with a Developmental
　Coordination Disorder. *Human Movement Science, 17,* 541-572.

Wilmut, K., Du, W., & Barnett, A. L. (2015). How do i fit through that gap? Navigation
　through apertures in adults with and without developmental coordination disorder.
　PLoS One, 10, e0124695.

第 9 章

発達性協調運動障害における運動行為

増田貴人

第1節　はじめに

　発達性協調運動障害（developmental coordination disorder：DCD）は，動きの不器用さ，つまり運動協応性（motor coordination）の著しい困難を主訴とする発達障害である。その有病率は，5〜11歳児において5〜6%，男女比は2：1〜7：1と男児に多くみられる。DCDは他の発達障害との合併が多いのも特徴的で，ASDとは境界級も含めると80%以上，ADHDとは50%以上，LDも17〜30%程度の合併が報告されている。

　本稿では，DCDにおける行為とそれがもたらす結果について，①生活困難の視点，②動きの不器用さがもたらす情緒・社会性への影響，③生態学的視点による支援，④実践への応用の4つの観点から論じていくこととしたい。

第2節　生活困難という視点

　DCD児・者の多くは，空間把握や視知覚などに弱さが目立つと指摘される。そのためDCDの発症機序は，小脳の機能不全を中心とした内部モデル障害仮説が疑われてこそいるものの，未だ明らかにはされていない。宮原（2017）も指摘するように，DCDの定義は，その発生機序ではなく，身体の動きが不器

用という彼らの特徴的症状に絞って診断・評価しようとしている。

DCD の主症状である動きの不器用さは，障害の有無を示す明確な分岐点を示すことができない連続体であることを忘れてはならない。診断基準の A 項目にも「その人の生活年齢や技能の学習及び使用の機会に応じて期待されるものより」（APA, 2013/2014）という表現を含むが，その対象児・者の生活年齢や知的水準から予想される動作の水準から，下手な方向に大きくかけ離れているとき，ということである。さらに，診断基準 B 項目には，その診断基準 A の困難が，学業・学校生活や職業，余暇や遊びなどの日常生活に支障をきたしていることが挙げられている。つまり対象児・者の動きについて，実際の他者，あるいは期待される姿のイメージとの比較がなければ，動きの不器用さが問題視されることにはなりえないということになるし，仮に稚拙な水準だったとしても身辺処理や学校生活をそれなりに問題なくこなし余暇や遊びを楽しむことができていれば，DCD の診断基準を満たしていない，ということになる。その意味では，DCD が主観的概念に基づいて定義されていると言える。

運動の不器用な児への教育的援助となると，重度運動障害児の問題に特化されたり（たとえば田中，1992），生活経験不足や戸外で遊ぶ児が見られなくなったなど社会病理・社会環境の変化に伴う問題（たとえば谷田貝，1986, 2016）に偏重して扱う論調も未だ少なくない。

近年は，渋谷（2008, 2010）のように，保育者の印象から運動協応性困難と行動問題を結びつけ発達的問題として論じるものも散見されるようになったものの，学校現場でも DCD が合理的配慮の対象と認識されないというトラブルも耳にする。このとき，運動困難を単なるスポーツの観点だけでなく，様々な生活場面に影響し，日常生活を妨げているという観点が重要となる。

表 9-1 は，小学校教師（吉田，2006）や親（尾崎，2006）が指摘した，発達障害などの「気がかりな子」の学習面・生活面における気づきの中から，DCD および動きの不器用さに関係すると思われるものの一部を，筆者が整理してみたものである。気がかりとなる気づきは，決して体育や音楽，図工などの実技科目に限ったものでもなく，国語や算数など教科学習全般，および給食や掃除なども含めた広範囲な学校生活に関係していることがわかる。動きの不器用さは，身体活動困難ではあるが，学校・保育所などの生活において，必ずしも体

表 9-1　小学校教師や親が指摘する「気がかりな子」の動きにおける不器用さに関係する課題（吉田，2006 や尾崎，2006 より引用・一部修正）

○ 漢字練習などで，消しゴムの力加減がわからずに，ノートを破いてしまう
○ 不器用さから来る困難で，丁寧に字を書くのをあきらめてしまう
○ 実験・実技で，班のみんなの足を引っ張ってしまう
○ こだわりが多く，不器用なのに完璧主義。お手本どおりに細かく再現しないと気がすまないため，時間内に作品を完成させることができない
○ 絵の具などを上手に扱えないので，作品の完成度が低い
○ 合奏で笛の指の操作がうまくいかない
○ 走・投・受の動作がぎこちない
○ 自分の身体機能の使い方がわからず，鉄棒や縄跳びができない
○ 椅子に座る姿勢を保つことができず，座っていられない
○ 箸を上手に使うことができない

育教科を含む運動場面に限って影響するものではないのである。

第3節　動きの不器用さと情緒・社会性への影響

　だが，運動の側面だけをみていても，DCD のもたらす発達的問題がうきぼりになることはない。DCD が疑われる児・者が抱える情緒・社会的影響を無視できないのである。

　動きの不器用さが著しい児の多くが，他者と運動能力を比較されることで強いストレスを抱いたり情緒的幸福感をもつことができず，自己の防衛機制として苦手なことを避けたりわざとふざけて大人を困らせたりして，不適応行動や低い自己肯定感として表面化することは，先行研究（Henderson, May, & Umney, 1989；Cratty, 1994）でも指摘されている。教師が頻繁にチェックすることで，他児と同じ水準の活動ができていない事実に注意を引いてしまい，社会的相互作用を妨げる欲求不満や自尊心の低下につながることもある（Kurtz, 2008）。学習性無力感を示した DCD が疑われる発達障害児の書字に関する事例によれば，彼は，字の汚さゆえに周囲の大人たちが何気なく発した「でも」から，自分の努力を無条件には認めてもらえないことを感じ取り，援助された実感をもてな

くなっていた（増田，2019a）。

　追跡研究によれば，DCD のある児は，幼児期から学童期のうちは，遊びが妨げられたり，教材の操作に失敗したりするなどして，動きの困難が注目されがちだったが，青年期への移行とともに，動きよりもむしろ，自尊心の低下や周囲からの孤立，将来の運動嫌いなど，情緒や社会性の問題が二次的に派生し，その影響が深刻化する（Cantell, Smyth, & Ahonen, 1994；Cantell, 2001）。幼児期に確認された DCD 関連特性のうち，微細運動に関わる特性は就学後には学業不振に，粗大運動につながる特性は同じく抑うつや不安などの内在化問題として，それぞれ影響する（伊藤・辻井，2016；辻井，2017）。

　さらに援助者の援助観や子ども観への影響も指摘される。増田・七木田（2000）は，保育者とある幼児との相互作用を観察する中で，取り組んでいる課題がクラスの大半ができない水準であっても，保育者が DCD が疑われる幼児に対してのみ，ことさら「できない」という印象を強調していた事例を紹介した。また，「気がかりな子」の保育に関する調査を実施した増田・石坂（2013）は，集団活動を乱しかねない行動や言語発達の遅れ・コミュニケーション不全に高い関心を寄せた一方，動きの不器用さについては全く回答が得られず，第一義的な問題としては捉えにくい状況を論じている。DCD への理解を深めるシンポジウムにおいても，DCD 児が「やる気がない」「わざとやっている」という誤解を周囲からもたれたり，DCD が他の発達障害の副症状として扱われたりすることが多く，主たる困難として目が向けられてこなかったことが議論された（七木田ら，2014）。

　DCD は，動きの不器用さが主症状であり本人の困り感としては課題になるが，集団を基本とした活動を妨げるものにはなりにくいため，支援の優先順位が低くなるようである。いわば，身体運動と心理との狭間にまたがっており，援助者の援助観や子ども観にも影響する問題と考えることもできる。

第4節　生態学的視点による支援

　現時点で DCD に対する教育的支援が十分でないとしても，どのような支援をするとよいのかの指標となるガイドラインが示されれば，今後の DCD への

教育的支援の拡充に寄与するものと考えられる。教師として早期発見・早期対応ができるように，DCD の知識や理解，支援方法を備える必要性は，田中ら（2016）も指摘するところである。

　いくつかのシステマティック・レビューをもとに作成された DCD の処遇に関する欧州でのガイドライン（Blank et al., 2012；Blank et al., 2019）によれば，「介入として課題志向（task-oriented）型アプローチが有効である」と示されている。つまり，特定の感覚や知覚運動，心理的過程を強調せず，生活文脈に沿ってあくまで DCD のある児・者が抱えている困難に直接焦点を当てて改善のための援助を行う介入である（増田，2019b）。

　この課題志向型アプローチの介入では Newell（1986）のダイナミック・システム理論モデルを基盤として，生態学的視点による支援（Ecological Intervention）が重視されている（Sugden & Henderson, 2007；Sugden & Wade, 2013）。つまり，ある運動行動の構成要素は，複数のパラメータとして，それぞれ非同時的・非直線的であり，それぞれが相互作用し合う中で自己組織化されていく多次元的システムとみなしている。そのため，結果として生じる運動行動は，環境や課題がもたらす前後関係に依存していると考えるモデルとなる。言い換えれば，DCD のある児・者の個体－動きの課題－環境の三者とのダイナミックなシステム間の相互関係を調節することによって，動きの改善を図ろうとする考え方である（表9-2, 図9-1）。

　DCD のある児・者の運動困難の解決のために，「やってみたい」「学びたい」「できるようになりたい」と意欲をもてるような課題を本人が定め，その課題を，日常を過ごす学校・保育所・家庭などにおいて継続的に取り組んでいくことが求められる。さらにその一連の流れについて，課題を本人がこなせるように環境調整をしたり，課題への取り組みに励まし促したり補助したりするコーチのような存在の人的環境も必要となる。

　コーチのような存在の人物の役割は，以下の5つである。① 課題のねらいや支援の方法を整理しておき，対象児・者本人にとって現実的で意味がわかりやすい練習になるように工夫すること。② 対象児・者本人の活動を支え，励ますこと。③ 活動の成否だけでなくその過程もつぶさに観察して，どのような進度で子どもに変化が生じたのかを確認すること。④ どうすれば課題が

表 9-2　Ecological Intervention で示される原則
(Sugden & Henderson, 2007；Sugden & Wade, 2013)

動きを教えてくれるコーチ (The movement coach)	責任が明確にされた人物 (Named person to take responsibility)
前後関係の整理 (Organizing the context)	目標行動や責務，支援体系の整理 (Organizing targets, commitments, support system)
意味のある前後関係の中での活動 (Working in a meaningful context)	現実的で関連性のある機能的・活動的課題 (Functional active tasks that are realistic and relevant)
特定のスキルの学習 (Learning specific skills)	課題分析や課題の適応 (Task analysis and task adaptation)
教示，練習，フィードバック (Instructions, practice, and feedback)	学習の進度でどのように対象児が変化したか (How they change as learning progress)
般化を通しての学習 (Learning through generalization)	認知方略の教授 (Teaching of cognitive strategies)
事後評価 (Monitoring and evaluation)	あらゆる観点から目標行動や最優先事項をみる (Looking at targets and priorities from all view points)

うまくできたとみなされるのか，パフォーマンスの知識（Knowledge of Performance）を教えるとともに，結果の知識（Knowledge of Results）を活動後すぐにフィードバックすること。⑤ 活動後にあらゆる観点からねらいや対象児・者の最優先事項を確認し，対象児の動きが課題や環境に適合していくように変容させていくこと。となると，対象となる児・者本人と十分な信頼関係を保っており，かつ責任がある存在でなければならないため，本人にとって身近な保護者や教師などが望ましいことになる。

　このアプローチの一例として，Miyahara et al. (2009) がある。この研究では，DCD のある児の家族を対象に，ワークブックを用いて専門家と共に，① 過去の支援をふりかえり，② 誰が家族の中で責任をもって対象児の対応をしていくのかや，③ 地域の中での支援資源を確認するとともに，今後継続する運動課題を決めるために，④ 子どもが興味ある課題を探し，⑤ 短期・長期目標の設定と課題のスモールステップ化，を図るよう考えさせるようにした。その後，

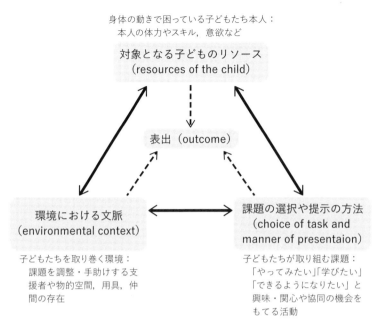

身体の動きで困っている子どもたち本人：
本人の体力やスキル，意欲など

対象となる子どものリソース
（resources of the child）

表出（outcome）

環境における文脈
（environmental context）

課題の選択や提示の方法
（choice of task and
manner of presentaion）

子どもたちを取り巻く環境：
課題を調整・手助けする支
援者や物的空間，用具，仲
間の存在

子どもたちが取り組む課題：
「やってみたい」「学びたい」
「できるようになりたい」と
興味・関心や協同の機会を
もてる活動

図9-1　動作の表出において関連し合った三角形
（Sugden & Wade, 2013）

　家族は指導を踏まえて数週間できるだけ毎日練習を継続し，専門家は適宜助言
したり毎日実施しているか確認したりして家族に指導するようにした。その結
果，家庭での実践が継続できたDCD児には，明らかに改善効果が確認されて
いたという。
　同様にSugden & Chambers（2005）も，DCD児への運動支援として，研究
者が，対象児にとって身近な存在である通常学級の教師や親と，具体的・個別
的に対象児の運動課題遂行のための目標を立てて，できるだけ毎日目標達成の
ため家や学校で，20分程度の練習を40週継続するようにした。その結果，継
続した児はDCDの診断が外れるレベルまで運動能力が向上していたが，家庭
や学校で実施できなかった児の変化は小さかったという。

第5節　DCD のある児への生態学的視点による文字の消し方 支援の試み

🗒 主訴

　前節で示された生態学的視点による支援の枠組みを用いて，小学校1年生の男児K（支援開始時7歳1ヵ月）に対して，適切な力加減で消しゴムを使えるようにするための支援を行った[1]。

　支援対象児であるKは，通常の学級に在籍するが，小学校入学以前から医療機関にて広汎性発達障害の疑いがあると診断されていた。教育相談にかかるインテークで保護者の主訴を整理すると，Kは学業成績において特に大きなつまずきはみられないが，「学校で出される宿題を，親子でいっしょに取り組むとき，間違ったりしたときに不必要な字をうまく消すことができなくて余計に時間がかかったり，消しゴムでこすっているうちに課題用紙をくしゃくしゃにしてしまったりする。そうやってうまくできないことで，自分にさらにかんしゃくを起こしたりするので，いつも宿題のときに雰囲気が悪くなってしまう」ということだった。あわせて保護者は，Kが幽霊・妖怪などの類の実在しない存在や毒を有する水棲生物に強く固執していること，多弁で他者の話を一切聞こうとすることなく一方的にまくしたて，時折クラスでトラブルメーカーになってしまうこと，幼稚園でのお遊戯ではリズム動作のぎこちなさが目立っていたことを語った。

🗒 指導の構成

　書字・描線に関するスキルは学業にも直結する日常で必要な動作（Kurtz, 2008）だが，DCD のある児は失敗経験も多い（Schoemaker & Kalverbouer, 1994）ことから，行動・結果の修正についても直接援助が必要と考えられた。そこで7ヵ月間，月2回程度の頻度で実施された個別教育相談（計12回）のうち，毎回最初の挨拶後の10～15分程度を，消しゴムを用いて文字を消す動作の援助

注1　本事例については，あらかじめ対象児並びに保護者からの了承を得ているとともに，弘前大学教育学部倫理委員会の承認を得ている。

として組み込むことにした。以下のⅠ～Ⅳ期に分け，その様子を述べていく。

3 Ⅰ期の指導

まずⅠ期（1回目）は“活動の土台づくり”と位置づけられた。K自身が消しゴムを使うことに対して苦手意識があるもののうまくできないことによる困り感ももっていることを確認し話し合う中で，消しゴムの使い方を一緒に練習していくことを本人が決めた。

さらに，3Bの鉛筆で援助者が記載したひらがなの五十音表（A4サイズ1枚）をすべて消す作業で，ベースラインを確認した。消しゴムは，㈱トンボ鉛筆製，全長約4cmのプラスチック消しゴムPE-01A（いわゆる小さいサイズのMONO消しゴム）の新品を用意したが，概ね5分の4を一度に使い切ってしまうほど，ムラの大きい消し方だった（図9-2）。行動観察記録でも，「何往復か消しゴムで用紙をなでるだけで，きれいに消したと認知していた」。かと思えば，「全力で力をかけて消すこともある」「消えていない所があっても消そうとする素振りが見られない」「消す作業後は，紙に大きなしわができ，強く折り曲がったものが多い」「腕に過度に力を入れるため，疲労を感じて休む様子がみられる」などの様子も確認され，適切な力加減の理解が十分でないことが見受けられた。その結果を，特別支援教育や医学・看護学を専攻する大学生計10名に，誰が消したかは一切告げずに消す前の元の写真と見比べてもらい，4段階（4：きれい，3：ややきれい，2：やや汚い，1：汚い）で消し跡の評価を行ってもらったところ，平均評価点が1.0であった。

Ⅰ期ではあわせて，援助の流れをつくるとともに，活動の動機づけとしてK

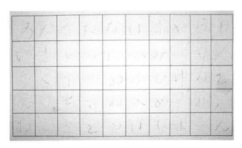

図9-2　Ⅰ期（援助前）の消し跡（平均評価点1.0点）

が好きな未確認生物・水棲生物のオリジナルカードを毎回つくっていこうと提案した。そのカードには，援助者があらかじめ鉛筆で間違った情報を記入しており，Kは消しゴムできれいに消してから訂正文を作成しなければならないよう工夫した。このオリジナルカード作成の課題では，意欲的・主体的に取り組もうとする様子が確認され，Kへの動機づけとして適していたように思われた。

4 Ⅱ期の指導

Ⅱ期（2～4回目）は，"「きれい」の基準づくり（認知面へのアプローチ）"と位置づけられた。

Ⅰ期にてKと援助者との間で「きれい」の基準が異なっていると思われたため，きれいに消すために，まずどの状態を「きれいに消した」とみなすか，どのくらい消せば「きれい」と言えるのかを，Kと援助者でよく話し合い，基準をつくることにした。実際には，3段階の消し跡を用意し，最もきれいに消せているものを1つKに選ばせ，それを「きれい」のお手本として教示するとともに，その選択理由を以後の評価基準とすることにした。最初はその基準・選択理由にぶれが生じていたが，しだいにぶれも目立たなくなり，「きれいに消す」として求められている水準を，K自身に理解させることにつながっていった。

5 Ⅲ期の指導

Ⅲ期（5～8回目）は，"適切な力加減を確かめる（運動面へのアプローチ）"と位置づけられた。Ⅱ期までに「きれい」の共通認識が得られたことから，次の段階として，消しゴムできれいに消すための適切な力加減を見つけるため，消す強さの力加減を，「強い」「中くらい」「弱い」の3段階でそれぞれ実際に何度か試しながら，K自身に考えさせるようにした。当初は，とにかく力を強く加えて消せばきれいになると固く信じていたようであったが，紙の折れ具合や消しカスの量，自分の腕の疲れ具合などを毎回確認するようにしたところ，「中くらい」が最も望ましいと自分から適切な力加減を実感し，修正を図ることができるようになった。

6 Ⅳ期の指導

Ⅳ期（9～12回目）は，"行動の般化を目指す"と位置づけられた。Ⅱ～Ⅲ期で気がついた「きれい」の基準や「中くらい」の力加減について，般化されるように課題や指示に変化を加えながら，その定着を図った。

最終の12回目には，事後評価としてベースライン課題と同じ課題を実施し，その変化を比較することにした（図9-3）。図9-2と比較すると，"あ"や"と"，"ん"の消え方の変化がとても大きいことが特徴的である。同じ大学生10名による消し跡評価では，平均評価点が1.0から2.3へと上昇がみられた。行動観察記録においても，「一度消しゴムで消した後，課題を見回し消し跡が残っている所を消し直す様子が見られるようになった」「紙を折り曲げず，消すことができるようになった」「適切な力加減で消すようになったことから，疲労を口にすることもなくなり，続けて消すことができるようになった」などが確認された。このときは，新品の消しゴムを5mmほど使うに留まり，明らかに力の加減に変化が生じていたと言えた。

7 まとめ

その後もKの教育相談は，別の課題の援助として継続されたが，保護者によれば，よほど感情が高ぶらない限りKは概ね失敗することもなくなったようである。Kが苦手とする消しゴム動作に対する援助は，きれいに消すために必要な動作の認知と，実際の動作との両方にアプローチした，いわば認知行動療法のエッセンスを援用するような援助方法ではあったが，発達障害児が示す身体活動困難の改善にも効果的であることが示唆された。

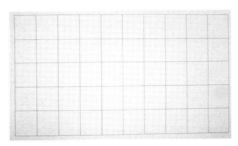

図9-3 Ⅳ期（援助後）の消し跡（平均評価点2.3点）

本事例にも，生態学的視点による支援の要素が含まれていたと考えられる。つまり，消し方を教えてくれる人的環境として，専門家（教育相談スタッフ）および家庭でも宿題につきあう家族の存在があった。きれいに消す基準を明確にしてその力加減を試すという流れの中で，目標行動が明確にされ問題点が整理され，認知方略への介入がなされる環境が存在した。さらに自らつくってみたいカードの作成により，課題が意味ある活動となり，般化を通しての学習が促されていた。教育相談スタッフが日々の観察でどのように対象児が変化したかを確認するとともに，評価がなされ，本人－課題－環境の三者の相互関係の調整が図られていたように思われる。

第6節　おわりに

Lansdown（1988）は，DCD を示す子どもの援助にあたって，援助者が ①対象児には実際に支援が必要なのか十分に確認をする，② 対象児の困難の状態を確認する，③ 活動プログラムを準備して介入や管理をする，の3段階をふむことを推奨する。そしてそれらの段階の自明の前提（ground rule）として，以下の5つを提案する。

A）対象児にとっての活動時間は十分に保つことが重要である。それは，対象児からの信頼と対象児の自尊心維持のためである。
B）介入実践のセッションは長くせず，むしろ短くすべきである。
C）援助者が細かくマネジメントできるように，課題をスモールステップで細分化すべきである。
D）指導や援助の活動は，対象児を急かさず，対象児自身のペースやスピードを尊重すべきである。
E）対象児本人が解決したいと思っている課題について，具体的な方略が教えられるべきである。

この Lansdown の提案とその前提は，課題志向型アプローチに寄った介入を志向しているが，単に対象児本人のパフォーマンスだけでなく，対象児の意

欲やペース，課題の水準，援助者の関与の仕方や十分な観察が含まれている。そうやって，援助された実感（増田，2019a）をもてるようにしながら，運動・動作だけでなく，社会性へも接近する生態学的援助を企図していると思われる。

　DCD の主症状は確かに運動協応性困難であり，身体・運動の問題である。しかしこのように DCD のある児・者の抱える問題を考えてみると，運動課題単体では問題の解決につながらない。運動の問題が，動作，行為，そして社会性へと展開していくのは明白と言える。

引用文献

American Psychiatric Association（2013）．*Diagnostic and Statistical Manual of Mental Disorders*（5th ed.）．Arlington: American Psychiatric Publishing．DSM-5　精神疾患の診断・統計マニュアル　第 5 版．日本精神神経学会（日本語版用語監修），高橋三郎・大野裕（監訳）（2014），医学書院．

Blank, R., Barnett, A.L., Cairney, J., Green, D., Kirby, A., Polatajko, H., Rosenblum, S., Smits-Engelsman, B., Sugden, D., Wilson, P., & Vincon, S.（2019）．International clinical practice recommendations on the definition, diagnosis, assessment, intervention, and psychosocial aspects of developmental coordination disorder. *Developmental Medicine & Child Neurology, 61*, 242-285.

Blank, R., Smits-Engelsman, B., Polatajko, H., & Wilson, P.（2012）．European Academy for Childhood Disability (EACD): Recommendations on the definition, diagnosis and intervention of developmental coordination disorder (long version). *Developmental Medicine and Child Neurology, 54*, 54-93.

Cantell, M.（2001）．Long-term experimental outcome of developmental coordination disorder: Interviews with 17-year olds. *The 13th International Symposium of Adapted Physical Activity, Abstract*, 111.

Cantell, M. M., Smyth, M. M. & Ahonen, T. P.（1994）．Clumsiness in adolescence: Educational, motor, and social outcomes of motor delay detected at 5 years. *Adapted Physical Activity Quarterly, 11*, 115-129.

Cratty, B. J.（1994）．*Clumsy child syndromes: Descriptions, evaluation and remediation.* Harwood Academic Publishers, PA.

Henderson, S. E., May, D. S., & Umney, M.（1989）．An exploratory study of goal-setting behavior, self-concept and locus of control in children with movement difficulties.

European Journal of Special Needs Education, 4, 1-13.

伊藤大幸・辻井正次 (2016). 保育士評定に基づく発達評価尺度の開発とその有用性. 子育て支援と心理臨床, *12,* 23-30.

Kurtz, L. A. (2008). *Understanding motor skills in children with dyspraxia, ADHD, autism, and other learning disabilities: A guide to improving coordination.* Jessica Kingsley Publishers.

Lansdown, R. (1988). The clumsy children. In N. Richman, & R. Lansdown (Eds.), *Problems of preschool children.* London: Wiley, 75-82.

増田貴人 (2019a). 動きのぎこちなさがみられる「気になる子」たち:療育・保育の立場から. こころの科学, *207,* 58-61.

増田貴人 (2019b). DCDに対する介入の方法論:過程指向型アプローチと課題指向型アプローチ. 宮原資英・辻井正次 (監修) 澤江幸則・増田貴人・七木田敦 (編著), 発達性協調運動障害 [DCD]:不器用さのある子どもの理解と支援. 金子書房, 71-85.

増田貴人・石坂千雪 (2013). 「気になる子」への保育援助をめぐる保育者の認識や戸惑い. 弘前大学教育学部紀要, *110,* 117-122.

増田貴人・七木田敦 (2000). 保育園における「ちょっと気になる子ども」の観察事例に関する記述:不器用さの目立つA児の変容過程. 幼年教育研究年報, *22,* 71-77.

宮原資英 (2017). 発達性協調運動障害:親と専門家のためのガイド. スペクトラム出版社.

Miyahara, M., Butson, R., Cutfield, R., & Clarkson, J. E. (2009). A pilot study of family focused tele-intervention for children with developmental coordination disorder: Development and lessons learned. *Telemedicine and e-Health, 15,* 707-712.

七木田敦・増田貴人・宮原資英・澤江幸則・綿引清勝・中井昭夫 (2014). 発達性協調運動障害 (DCD) への理解を深める:実践研究の最前線から. 日本特殊教育学会第52回大会発表論文集.

Newell, K. M. (1986). Constraints on the development of coordination. In M. G. Wade, & H. T. A. Whiting (Eds.), *Motor development in children: Aspects of coordination and control.* Martinus Nijhoff: Amsterdam, 341-361.

尾崎ミオ (2006). 「気がかりな子」の行動の背景にあるもの. 児童心理, 10月号臨時増刊, 金子書房, 10-19.

Schoemaker, M. M. & Kalverbouer, A. F. (1994). Social and affective problems of children who are clumsy: How early do they begin? *Adapted Physical Activity Quarterly, 11,* 130-140.

渋谷郁子 (2008). 幼児における協調運動の遂行度と保育者からみた行動的問題との関連. 特殊教育学研究, *46,* 1-9.

渋谷郁子（2010）．幼児の不器用さについての保育者の印象：M-ABC との関連から．立命館人間科学研究，*21*，67-74.

Sugden, D. A. & Chambers, M.（2005）. *Children with developmental coordination disorder*. London: Whurr Publishers.

Sugden, D. A. & Henderson, S. E.（2007）. *Ecological intervention for children with movement difficulties*. London: Harcourt Assessment.

Sugden, D. & Wade, M.（2013）. Assessment and intervention for children with movement difficulties. In Authors, *Typical and atypical motor development*. London: Mac Keith Press, 336-368.

田中敦士・新本弘美・田仲未来・金城実菜美・森浩平・奥住秀之・増田貴人（2016）．特別支援学校および特別支援学級で不器用を示す子どもに対する指導の原則：全都道府県・政令指定都市の教育センター Web サイトに公開されている指導案の分析から．弘前大学教育学部紀要，*116*，9-23.

田中真介（1992）．運動の不器用な子への援助：ターナー症候群乳児の療育日記から．発達，*51*，40-50.

辻井正次（2017）．発達支援における心理の役割．小児の精神と神経，*56*，341-351.

谷田貝公昭（1986）．直接体験不足症候群の子どもたち．サンケイ出版.

谷田貝公昭（編著）（2016）．不器用っ子が増えている：手と指は第 2 の脳．一藝社.

吉田昌義（2006）．学校の中の「気がかりな子」の理解：特別支援教育の流れの中で．児童心理，10 月号臨時増刊，金子書房，2-9.

第 10 章

幼児期における道具操作の発達と不全

渋谷郁子

第1節　はじめに

　「お菓子が食べたい」と子どもが言うので，菓子の袋を開けてから渡してや
ると，「（わたしが）あけたかったのに！」とわっと泣く。あるいは，エレベー
ターの中で大人が降りる階のボタンを押した途端，「（わたしが）おしたかっ
たのに！」と地団駄を踏んで悔しがる。2，3歳頃にやってくる第一次反抗期，
いわゆる「イヤイヤ期」と呼ばれる時期によくみられる姿である。大人は「お
菓子を食べさせたら服を着替えさせよう」とか「エレベーターを降りたら荷物
を取りに行こう」など，常に先のことを考えている。しかし，幼児の脳裏には，
目前の行為の具体的なイメージと，それを遂行してみせる自分の様子がありあ
りと浮かんでいるのである。したがって，大人には最終的なゴールに到達する
までの通過点に過ぎない「菓子の袋を開ける」「エレベーターのボタンを押す」
といった行為が，幼児にはきわめて重要なゴールとなる。このように，大人と
幼児では，行為のゴール設定に大きな隔たりがあり，それが両者の間のすれ違
いを生んでいるとも言える。

　幼児は大人と違って目前の行為に集中することで，その行為の開始から終了
までのプロセスを詳細に把握する。そしてはじめはうまくいかなかったとして
も，粘り強く練習を繰り返し，最後には件の行為を手中に収めてしまう。この

ような，行為への飽くなき探求は，幼児が多様な生活動作を速やかに習得していく上で欠くことのできないものである。幼児の手はやがて，菓子の袋を開けたりエレベーターのボタンを押したりするだけでなく，絵や字をかいたり紙を切ったり貼ったりと，道具を媒介した，より創造的な活動にも従事するようになる。こうした活動は就学後の学びへとつながり，幼児の世界を拡充する役割を果たす。その一方，幼児の道具の操作に拙さやぎこちなさがみられ，発達に伴って改善されない場合には，広く生活の質が低下したり，学業達成が妨げられたりする恐れがある。本章では，幼児の道具操作の発達と不全について論じ，不全の生じる要因に応じた支援のあり方を考察する。

第2節　子どもの手指運動の発達と道具操作

子どもは生後1年くらいの間に，対象物への到達，把握，解放といった，基本的な手指の動作を習得する。この変化は，神経系の成熟に伴って生じる。把握動作の発達をみると，はじめは手掌の尺骨側で対象物を包んですべての指を押しつけて握っていたのが，しだいに橈骨側での把握に変化し，最終的には母指と示指が対向する，指先での把握へと移っていく（図10-1）。このような手のフォームが出現すれば，道具を操作する基盤が整ったと言える。

鎌倉ら（1978）は，98品目の物品を把握するときの健常成人の手のフォー

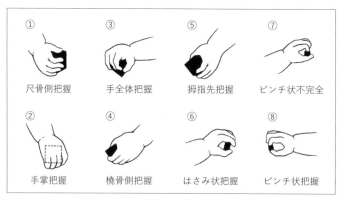

①尺骨側把握　③手全体把握　⑤拇指先把握　⑦ピンチ状不完全
②手掌把握　④橈骨側把握　⑥はさみ状把握　⑧ピンチ状把握

図10-1　生後1年間の把握の発達
（渋谷，2019）

表 10-1　把握フォームの種類
(鎌倉，2013 をもとに筆者作成)

把握の種類	パタン数	フォームの説明	
握力把握系	5	曲げた指々と手掌の間に対象物をしっかりと挟んで固定する。道具使用の際に出現することが多い。	
中間把握系	4	いずれかの指の橈骨面が対象物を固定していて，手掌の接触がない。道具使用の際に出現することが多い。	
精密把握系	4	指々と母指の先端が対象物を固定する。ものを運んだり置き換えたりする場合などに出現する。	
母指不関与系	1	母指が関与せず，示指，中指間で対象物を固定する。タバコを指に挟む場合などに出現する。	

ムを観察し，14 種類のパタンを見出している。この 14 種類を大別すると，握力把握系，中間把握系，精密把握系，母指不関与系の 4 種となる（鎌倉，2013）。それぞれの把握のフォームを表 10-1 に示した。成人は，対象物の特性に合わせ，手のフォームを自在に変えていることがわかる。

　乳幼児期の子どもは生活や遊びの中で，道具に触れてその特性を学んだり，年長者のやり方をまねたりしながら，用途に合わせた手と指のフォームを学習していく。遠城寺式乳幼児分析的発達検査法や KIDS 乳幼児発達スケールなど，発達検査の項目を追っていくと，1 歳頃にはスプーン，3 歳頃には箸を使って食事をするようになることがわかる。また，1 歳半頃より筆記具を握り，2 歳になると直線や丸の形をまねて描くようになる。さらに，3 歳になる前後にハサミを使い始め，3 歳後半にはハサミで簡単な形を切ることができるようになる。このように，乳幼児期には，スプーンや箸などの食具，クレヨンや鉛筆などの筆記具，ハサミなどの工作具といった，生活上の基本的な道具の操作が開始される。

　スプーンや鉛筆は，いずれも持ち手の部分が棒状になった細長い道具である。このような道具を使用する場合，成人では中間把握系のフォームが採用される。しかし子どもでは，はじめは握力把握系のフォーム（いわゆる握り持ち）が現れ，

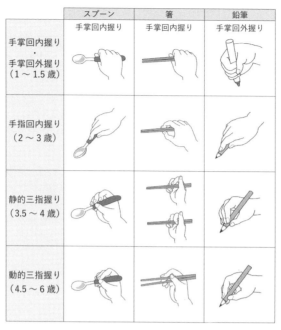

	スプーン	箸	鉛筆
手掌回内握り・手掌回外握り（1〜1.5歳）	手掌回内握り	手掌回内握り	手掌回外握り
手指回内握り（2〜3歳）			
静的三指握り（3.5〜4歳）			
動的三指握り（4.5〜6歳）			

図 10-2　手の機能の発達
（鴨下・中島・立石，2013）

徐々に中間把握系のフォームへと移行していく（図10-2）。成人と同じような使い方ができるようになるのは，幼児期後半の4歳半から6歳頃になってからである。これらの道具は道具自身のもつ制約が少なく，それゆえ把握や操作の仕方の自由度が高くなることから，操作者の手指運動の発達状況が，その使用に強く影響を与えると考えられる。

　尾崎（2008）は，2〜5歳児が筆記具（水性ペン）を把持するパタンを「2指握り（母指・示指）」「3指握り（母指・示指・中指）」「その他持ち方」の3群に分類し，円を塗りつぶす課題における遂行の正確さを群間で比較している。把持パタンの成熟の度合いは，三面把握と言われる「3指握り」が最も高く，その次が「2指握り」，最後が「その他持ち方」の順となる。結果より，「3指握り」「2指握り」群は「その他持ち方」群に比べ，塗り残し面積が有意に少ないことがわかった。つまり，より成熟した把持パタンを使用した子どもの方が，き

れいに円を塗りつぶすことができたと言える。手指のフォームの発達が遂行結果と直接関連していることがわかる。なお，把持パタンと筆記具操作の速さとの関連は検討されていない。

　続いて，筆記具と同様，幼児にとって身近な道具であるハサミについてみていく。ハサミの形状は，スプーンや鉛筆などの細長い道具とは全く異なるものである。ハサミには2つのループがあり，たいていの場合，一方は他方よりやや小さくなっている。このループに指を差し込むらしいことは一目で了解される上，指を何本差し込むかもループの大きさに応じて自動的に決定される。道具の使用の仕方を，道具自身が示している部分が大きいと言える。通常は小さい方のループに母指を入れ，そうではない方に他指を差し込む。ハサミを把握する際は，成人でも子どもでも握力把握系の亜型のフォーム（鎌倉，2013）が採用される。

　2〜6歳児のハサミ把持の変化を調べると，母指用ではない方のループにどの指を差し込むか，ループに入れていない指が伸展しているか屈曲しているかの2点に関して，年齢による違いがいくらかみられる（Schnech & Battaglia, 1992/1997）。図10-3にハサミ把持の発達的変化を示した。前者については，示指と中指の使い方によっていくつか種類があるが，最終的には示指と中指の両方を差し込むか，中指を差し込んで示指をハサミのループに添えるかの2通りのパタンに収まる。後者については，ループに入れていない指が伸展するパタンは2歳台でほぼ消失し，3歳以降はすべての指を屈曲させて動かすようになる。

　こうしたハサミの把持パタンの違いは，ハサミ操作の遂行にどのような影響を与えるのであろうか。渋谷（2016）は，4〜6歳児が紙に描かれた図形を輪郭線に沿ってハサミで切る動作を対象として，ハサミの把持パタンとハサミ操作の正確さ（輪郭線からの逸脱量）・速さ（切り始めてから切り終わるまでの運動時間）との関連を検討している。結果より，把持パタンには全部で5種類あることが見出されたが，母指用ではない方のループに示指と中指を差し込むパタン（図10-3の⑤に相当）が最多であった。「5課題で一貫して同パタン」「5課題で一貫して同パタン以外」「5課題でパタンが一貫せず」の3群に分類し，ハサミ操作の正確さ・速さを群間で比較したところ，有意差は認められなかった。このことから，把持パタンの種類は，ハサミ操作の正確さ・速さとは関連しな

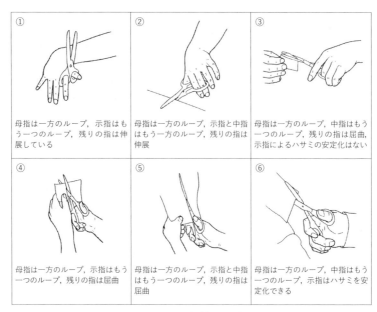

① 母指は一方のループ，示指はも
う一つのループ，残りの指は伸
展している

② 母指は一方のループ，示指と中指
はもう一方のループ，残りの指は
伸展

③ 母指は一方のループ，中指はもう
一つのループ，残りの指は屈曲，
示指によるハサミの安定化はない

④ 母指は一方のループ，示指はもう
一つのループ，残りの指は屈曲

⑤ 母指は一方のループ，示指と中指
はもう一つのループ，残りの指は
屈曲

⑥ 母指は一方のループ，中指はもう
一つのループ，示指はハサミを安
定化できる

図 10-3　ハサミ把持の発達的変化
（Schnech & Battaglia, 1992/1997 をもとに筆者作成）

いことが示唆された。

　以上のことから，道具の把持パタンが操作の遂行に関与する度合いには，道
具の特性による違いがあると考えられる。ペンなどの筆記具による操作は，遂
行結果が把持パタンに左右されることから，子どもの手指運動の発達をそのま
ま映し出す課題になると言えるだろう。一方，ハサミの操作は把持パタンに直
接的な影響を受けないため，子どもの手指運動の発達を評価する課題とはなり
にくいのではないだろうか。実際，筆記具操作は，子どもの手先の器用さの指
標として，発達性協調運動障害（DCD）の評定に用いる MABC-2（Henderson,
Sugden & Barnett, 2007）をはじめ，様々なアセスメント（たとえば尾崎，2018）
に採用されている。しかし，ハサミ操作の不全は，協調運動の獲得や遂行の困
難さを象徴する代表例とされるわりには（APA, 2013/2014），十分な研究の蓄積
がない（Mitchell et al., 2012）。これは，操作の遂行に影響を与える要因が捉えに
くいという，ハサミに固有の事情と関連しているのかもしれない。

ここまでは，道具を操作する側の手に注目して述べてきた。しかし，道具操作の遂行には，道具を操作しない側の手も重要な役割を担っている。特にハサミ操作は両手協調を要する課題と言われていることから（Klein, 1990），紙を持つ側の手にも注意を払うべきであろう。子どもがハサミで紙を切っていく場面を観察すると，時間の経過と共にハサミと紙の状態が刻々と変化していくことがわかる。切り終えた部分の紙が垂れ下がってきてハサミの動きを妨害したり，切る対象の形によって，ある程度切った後は角度を変えないと切り進められない状況が出てきたりする。そんなときには，子どもは紙を持つ側の手を動かして紙の状態を調整し，課題遂行が継続される。

　渋谷（2011）はこのような非利き手の動きに着目して，直線と円をハサミで切る際に生じる，紙の持ち直しを調べ，ハサミ操作の正確さ・速さとの関連を検討した。直線を切る課題では，紙を持ち直した群と持ち直さなかった群で，正確さ・速さに違いがなかった。他方，円を切る課題では，紙を持ち直した回数と速さとの間に有意な正相関がみられ（$r = .269, p < .01$），紙を持ち直した回数が多いほど，ハサミを操作する時間が長くなることが示唆された。

　これらの結果より，ハサミで切る対象の形が複雑になると，非利き手の動きが操作の速さに影響を与えることがわかった。それと同時に，操作の正確さの方は，利き手，非利き手のいずれの動きにも直接的な影響を受けないことが判明した。ハサミを操作する際の関節の動かし方や筋力など，肉眼による観察では捉えにくい生理学的な指標を検討することで，操作の正確さに関連しそうな要因を示唆した報告も散見されるが（たとえば仙谷・中島・中村，2016），主たる要因を特定するには至っていない。

　運動協調を要する動作は，相互に調整を保って活動する複数の筋によって遂行される。そのため，操作の遂行度合いは，単一の身体部分の動きによって決定されるのではなく，行為の目的の達成を目指して複数の身体部分の動きを組み合わせる方略選択に，より強い影響を受けると考えられる。すなわち，ハサミ操作の不全は，動作そのものの拙さに起因するというよりは，行為のプランニングの拙さによるものというべきなのかもしれない。行為のプロセスに関与する認知的な側面についても併せて検討する必要があるだろう。次節では，ハサミ操作の遂行度合いを，正確さと速さの2側面からみることで，ハサミ操作

の遂行に影響を及ぼす認知的要因について考察する。

第3節　道具操作に関連する認知的要因

　ベルンシュタイン（1996/2003）は，動作の巧みさとは課題を正しく解決する能力であると定義し，正確さとすばやさにその特徴が現れると述べた。ただし，動作には特有のペースがあるため，すばやさは絶対的なものではなく，相対的なものであるとも記している。速ければいいというわけではなく，正確さが損なわれない程度に調整されている必要があるということだろう。

　前述した渋谷（2016）では，子どもにハサミの課題を与える際に「なるべく丁寧に，なるべく速く」切るよう教示し，輪郭線からの逸脱量と，切り始めてから切り終わるまでの運動時間を測定し，各々をハサミ操作の正確さと速さの指標とした。相関分析より，2指標は無関連であることが示されている。この逸脱量と運動時間の測定結果を用いて，92人の対象児を，逸脱量が少なく運動時間が短い「正確・高速群」，逸脱量が少なく運動時間が長い「正確・低速群」，逸脱量が多く運動時間が短い「不正確・高速群」，逸脱量が多く運動時間が長い「不正確・低速群」の4群（各23人）に分類した。

　表10-2に，この4群におけるK式発達検査得点と月齢について，群間の比較を行った結果を示した。K式発達検査の認知 - 適応領域得点は，「正確・高速群」「正確・低速群」において「不正確・低速群」より高いことから，この領域の発達が良好な子どもはハサミ操作が正確であることがわかる。他方，K式発達検査の言語 - 社会領域の得点は，「正確・高速群」と「不正確・低速群」においてのみ有意差があり，この領域の発達がハサミ操作の正確さと速さの両立に関与していることが推察される。また，「正確・高速群」「不正確・高速群」の月齢が「不正確・低速群」より高いため，高月齢の子どもはすばやくハサミを操作する傾向にあると考えられる。

　「正確・高速群」「正確・低速群」の2群は，速さの違いはあるものの正確な操作を実現している。巧みさの特徴としてのすばやさは，正確さとの兼ね合いで決まるというベルンシュタイン（1996/2003）の指摘に基づいて考えれば，いずれの群も適切に課題を解決していると言える。ハサミ操作の速さが発達検査

表 10-2　ハサミ操作の 4 群における月齢と K 式発達検査得点

(渋谷，2016 をもとに筆者作成)

| | K 式発達検査得点 | | | | 月齢 | |
| | 認知 – 適応領域 | | 言語 – 社会領域 | | | |
	平均値	標準偏差	平均値	標準偏差	平均値	標準偏差
①正確・高速群	390.5	21.8	241.1	27.2	71.0	4.9
②正確・低速群	381.8	24.0	231.8	18.1	69.5	4.9
③不正確・高速群	369.8	32.1	231.6	32.0	70.6	5.9
④不正確・低速群	359.4	32.4	216.8	26.8	66.3	5.8
F 値　df=3, 88	5.436**		3.321*		3.709*	
	①② > ④		① > ④		①③ > ④	

$^{**}p < .01; {}^{*}p < .05.$

の得点ではなく月齢とのみ関連することを踏まえると，ハサミを使用する速さは身体・運動機能の成熟に影響を受けるのではないかと推察される。そのため，幼児期にはまず，操作の速さではなく正確さの方を目標にするのが妥当ではないだろうか。そうであるならば，ハサミ操作に「不全」を呈しているのは，正確さを達成していない「不正確・高速群」「不正確・低速群」に該当する子どもたちだと言える。では，彼らはなぜ，正確にハサミを操作できないのだろうか。そこには，共通する要因と異なる要因がそれぞれ存在していると考えられる。この点を詳しく検討するため，以下に，行為に対するノーマン（2013/2015）の考え方を取り上げる。

　ノーマン（2013/2015）は，行為にはゴール形成で 1 段階，実行過程で 3 段階，評価過程で 3 段階の，併せて 7 段階が存在すると述べている（図 10-4）。この 7 段階は，「本能的」「行動的」「内省的」の 3 つの処理レベルと関連づけることができる。本能レベルは最も低次にあるもので，単純な筋肉の制御や外界や身体の知覚などを司っており，基本的かつ本能的な反応を生起させる。行動レベルは学習されたスキルから成り，外界の状況に合わせた適切なパタンが選択される。内省レベルは意識的な認知の原点と言えるもので，推論や意識的な意思決定を担っている。

　紙に描かれた図形の輪郭線をハサミで正確に切るという行為には，特別なプランニングは必要ない。輪郭線に沿うようにハサミを動かすことだけを意識す

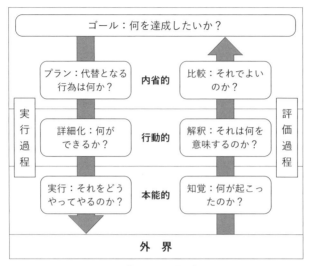

図 10-4　行為の 7 段階と処理レベル
(ノーマン，2013/2015 をもとに筆者作成)

ればよいからである。ある程度ハサミに親しんでいる子どもであれば，半ば
自動的に遂行できるだろう。慣れた行為に従事するときには，ゴールが何かを
考えさえすれば，細かいことはすべて行動レベルが処理してくれるとノーマ
ン（2013/2015）は述べている。つまり，このような類のハサミ操作は，行動的
な処理レベルで十分に対応可能である。しかしながら，輪郭線から外れないよ
う慎重にハサミを操作する上では，暗黙的な方略が必要である。先述のように，
K 式発達検査の認知 – 適応領域得点はハサミ操作の正確さと関連するが，この
領域の検査項目である「模様構成」「三角形模写」の得点において，直線，三
角形，円を切り抜く課題の逸脱量とそれぞれ有意な負の相関がみられた。「模
様構成」「三角形模写」は，提示されるモデルの形状や色を分解して捉え，同
じものを再生する課題で，対象物の形についての理解度が評価される。このよ
うな理解は，課題図形の形状に関する情報を読み取り，ハサミの開閉角度や紙
の向きなどを調節する際に役立つと考えられる。つまり，形の理解が未発達で
あることによって行動的レベルの課題解決が十分に行われないことが，ハサミ
操作の不正確さを生む要因の一つだと言えるのではないだろうか。「不正確・

高速群」「不正確・低速群」に共通するのは，この点である。

　一方，この2群は操作の速さにおいて違いがある。「不正確・低速群」は，ハサミ操作に時間を費やすことで，なんとか正確さを達成しようと努めているようにもみえる。ところが「不正確・高速群」は，正確さを高めることに注力せず，どんどんハサミを動かしていくのである。ベルンシュタイン（1996/2003）の言うように，正確さが損なわれない程度に速さを調整するのが巧みな動作だとすれば，「不正確・高速群」の子どもたちは，自分が正確に操作できる速さを自覚できていないとも考えられる。行為の結果を省み，適切な速さを選択するためには，行為者による意識的なプランニングが必要である。つまり，行動的レベルの次の段階である，内省的レベルでの行為の調節が要求される。

　ルリヤ（Luria, 1961）のバルブ押し実験からも示唆されるように，幼児期には行為の自己調節は発達途上にあり，内的な言語の発達に伴って前進する。前述のように，ハサミ操作の正確さと速さを両立した「正確・高速群」では，K式発達検査の言語 – 社会領域の得点が「不正確・低速群」よりも有意に高かった。「不正確・高速群」との間には有意差が得られていないものの，「正確かつ速い」操作には言語発達が関与している可能性が高いだろう。これらを考え合わせると，「不正確・高速群」では，自らの行為を省み，より良い速さを選択するための言語の行動調整機能が未発達なのだと推察される。

　以上より，ハサミ操作の不正確さが生じる背景には，次の2通りの状況が存在することが示唆された。一つは形の理解の未発達により，行動的レベルでうまく課題解決ができない場合，もう一つは内的な言語の未発達により，内省的レベルで自らの速度を調整できない場合である。

第4節　道具操作の不全に対する支援

　最後に，道具操作の不全を示す子どもたちへの支援のあり方を考えていく。第一に，形の理解の未発達により，行動的レベルでうまく道具を操作できない子どもにどんな支援を行うかについて検討する。これは「不正確・高速群」「不正確・低速群」の両方に共通する。

　まずは，操作対象の有する特性に直接的に気づかせる支援がある。たとえば，

図形を切る前に指でその図形をなぞらせ，角や曲線など，ハサミや紙の調節が必要となるポイントに注意を向けさせておく。これにより，子どもは行為のプロセスを事前に詳細化することができる。続いて，物理的な外的補助によって，図形の形状が要求する行為調節ができるよう促す支援がある。円図形を例にとって考えてみよう。円を正確に切るには，ハサミを大きく開かず，刃先を使って少しずつ切り進めることと，ハサミを把持する方の手を動かさず，紙を持つ方の手を上下に動かして紙の位置を調節することが必要である。このような調節を実現するため，ハサミの刃の付け根に輪ゴムを巻いて開閉角度を小さくしたり，ハサミを把持する方の手を定位置に固定させて動かさないようにしたりすることが考えられる。

　第二に，内的な言語の未発達により，内省的レベルで自らの速度を調整できない子どもへの支援を検討する。これは「不正確・高速群」が該当する。まずは言語的な外的補助を与える支援として，操作の遂行中に「ゆっくりゆっくり」などと言葉かけを行う方法が考えられる（柏木，1988）。単純な関わりのようだが，5，6歳児の中には「丁寧にやるにはゆっくりした方がよい」ことを理解していない子どもも存在するため（渋谷・川那部，2017），大人が思う以上の効果を発揮する可能性がある。次に物理的な外的補助を与える支援として，先ほどと同様，ハサミの刃を開きにくくしたり，それぞれの手を定位置に固定させたりし，ハサミを速く操作できないようにする方法が挙げられる。このように運動器官の自由度を減じることで，自己調節がしやすくなると考えられる（ベルンシュタイン，1996/2003）。

　こうした外的補助は，はじめのうちは子どもには窮屈に感じられるかもしれない。しかし，補助によってハサミを操作する行為に没頭することができれば，そのとき子どもたちは，行為を遂行するための適切なプロセスを理解し，一つ一つの手順に沿って課題を解決していく喜びを知るのではないだろうか。道具操作の不全は，行動的レベルにおいても内省的レベルにおいても，自分が次にすべき動きが見えていないことに由来する。手指運動の発達レベルにかかわらず，簡単に握って使えるハサミの操作を取っ掛かりとして，行為のプロセスについて理解を深められれば，ハサミ以外の道具の操作にも良い効果が表れることが期待される。

引用文献

American Psychiatric Association. (2013). *Diagnostic and statistical manual of mental disorders* (5th ed.). Arlington: American Psychiatric Publishing. DSM-5　精神疾患の診断・統計マニュアル　第5版．日本精神神経学会（日本語版用語監修），高橋三郎・大野裕（監訳）(2014)，医学書院．

ベルンシュタイン，N. A. (1996)．デクステリティ：巧みさとその発達．工藤和俊（訳）(2003)，金子書房．

遠城寺宗徳・合屋長英 (2004)．遠城寺式乳幼児分析的発達検査法．慶応義塾大学出版会．

Henderson, S. E., Sugden, D. A., & Barnett, A. (2007). *Movement assessment battery for children-2*. London: Psychological Corporation.

鎌倉矩子・大村道子・石井晴美・三星文子・三浦頼子 (1978)．健常手の把握様式：分類の試み．リハビリテーション医学，*15*，65-82．

鎌倉矩子 (2013)．手の静的なフォームⅠ：把握．鎌倉矩子・田中眞由美（編），手を診る力をきたえる．三輪出版，18-42．

鴨下賢一・中島そのみ・立石加奈子 (2013)．苦手が「できる」にかわる！　発達が気になる子への生活動作の教え方．中央法規出版．

柏木惠子 (1988)．幼児期における「自己」の発達：行動の自己制御機能を中心に．東京大学出版会．

Klein, M. D. (1990). *Pre-scissor skills: Skill starters for motor development*. Tucson, AZ: Communication Skill Builders.

Luria, A. R. (1961). *The role of speech in the regulation of normal and abnormal children*. London: Pergamon Press.

Mitchell, A. W., Hampton, C., Hanks, M., Miller, C., & Ray, N. (2012). Influence of task and tool characteristics on scissor skills in typical adults. *American Journal of Occupational Therapy, 66*, 89-97.

三宅和夫（監修）(1989)．KIDS（乳幼児発達スケール・Kinder infant development scale）．発達科学研究教育センター．

ノーマン，D. A. (2013)．増補・改訂版　誰のためのデザイン？：認知科学者のデザイン原論．岡本明・安村通晃・伊賀聡一郎・野島久雄（訳）(2015)，新曜社．

尾崎康子 (2008)．幼児の筆記具操作と描画行動の発達．風間書房．

尾崎康子（編）(2018)．知っておきたい気になる子どもの手先の器用さのアセスメント：PWT描線テストの手引きと検査用紙．ミネルヴァ書房．

Schnech, C., & Battaglia, C. (1992)．幼児におけるハサミのスキルの発達．境信哉（訳），カース・スミス，J. & ペホスキー，C.（編著）(1997)．ハンドスキル：手・手指スキルの発達と援助．奈良進弘・仙石泰仁（監訳），協同医書出版社，113-129．

仙谷泰仁・中島そのみ・中村裕二（2016）．3軸圧力センサーを用いたハサミ操作に対しての運動力学的解析の臨床応用について．日本作業療法学会第50回大会抄録集．

渋谷郁子（2011）．就学前児の不器用さと保育者の評価に関する研究．立命館大学博士論文（未公刊）．

渋谷郁子（2016）．就学前児のはさみ操作における把持パターンと運動パフォーマンスの特徴．特殊教育学研究, *54*, 169-178.

渋谷郁子（2019）．身体づくりは心も育てる？：活動の基盤となる身体・運動の発達．藤崎亜由子・羽野ゆつ子・渋谷郁子・網谷綾香（編）．あなたと生きる発達心理学：子どもの世界を発見する保育のおもしろさを求めて．ナカニシヤ出版, 98-109.

渋谷郁子・川那部隆司（2017）．小学1年生と年長児における運動方略に関する知識の検討．大阪成蹊短期大学紀要, *14*, 77-80.

━━━━第**11**章━━━━

障害児に対する運動支援

田中敦士

第1節　はじめに

　本書では，我が国の心理学における一流の基礎研究者による論考がここまで展開されてきた。それらは「実行機能」などの今日的テーマの源流が，実はソヴィエト心理学の基本的テーゼに垣間見られるという斬新な論考である。いずれの章も興味深く，学術的価値のきわめて高いトピックがずらりと並んでいる。

　さて，運動支援の実践的なプログラムは世の中に星の数ほどある。時代と共に姿を消すものもあれば，形を変えて生き延びるものもある。流行りすたりもある。しかし残念ながら，超一流の基礎研究者が提唱したプログラムといった類のものには，すぐに役立つと学校現場で評価されるものがほとんどない。理論が先立って難解であったり，研究者に共通するこだわりからか理屈っぽくて実践しにくかったりする。科学的根拠（エビデンス）に裏付けられたプログラムでは，やたらと制約が多く道具や環境設定などの準備が大変だったり，評価項目が多すぎて時間がかかりすぎたりということも多い。評価のために多くの研修受講が求められるものもある。再現性を求める科学の絶対的ルールからすればやむを得ないことなのであるが，障害児の療育や教育の現場では，簡単に実践できて，すぐに実感を伴う効果が得られる指導法が実によく好まれる。

　そこで本章では逆説的に考え，研究者が主体となって考案した指導法ではな

く，教育のプロである特別支援学校および特別支援学級の教員が実施した授業のうち，教育委員会の厳しい審査を経て自信をもって世に公開された授業指導案を全国網羅的に精査した。各都道府県教育委員会の教育センターが模範的な授業指導案のデータベースを構築し，教員向けに情報提供しているわけであるが，約半数の教育センターでID／パスワード保護されておらず，それらのデータベースが公開されている。今回は，一般公開されて誰でもアクセス可能な授業指導案を分析対象とした。その中で注目したのは，「不器用」である。

現在，脳性麻痺や筋ジストロフィーなどの明らかな運動障害がないにもかかわらず，運動が稚拙である状態を発達性協調運動障害（DCD）とし，自閉症スペクトラム障害（ASD）や注意欠如多動性障害（ADHD）などに少なからず併存することが注目されている。第2章で知的障害における運動行為が論じられているが，不器用さの様相に関する研究こそが，近年では本質的な運動行為の解明に迫る主流のアプローチと考える。

教育現場の授業指導案の精査は数年に及ぶ膨大な作業であり，その成果は論文として田中ら（2016）にまとめたが，現在でも閲覧・ダウンロードが可能ないくつかの指導案を抽出して，原典に解説を加えつつ紹介することとしたい。

第2節　特別支援学校・特別支援学級での指導法を共有することの重要性

知的障害のある児童生徒には，しばしば不器用さが見られる。Davis & Emmerik（1995）は，「知的障害のある者は動作が遅く，不器用ですべての動作課題の学習において知的障害のない者に比べて長い期間を必要とする傾向がある」と述べている。知的障害者の「手先の不器用さ」は，古くから巧緻性の低さの問題として取り扱われている。

松原（2012）は，幼児期後半から児童期までを想定した運動発達チェックリストを作成し，知的障害児35名に実施したところ，71.4％に協調運動の困難が見られた。古くから問題視されている知的障害のある児童生徒の不器用さの様相であるが，近頃は，発達障害のある児童生徒においても注目されている。

不器用（clumsiness）さは，DCDのみならず，学習障害（LD），ADHD，ASD

などにおいて広く認められ，その原因として何らかの脳機能の不全さが想定されている。小中学校の教師からもしばしば，発達障害のある子どもの姿勢や身体の動きが気になるという声があがっている（香野，2010）。

　今後，通常の学級で不器用さの様相を示す児童生徒に対して指導・支援を行う際には，特別支援学校で効果を上げている指導法をまず参考にすることが重要であろう。

第3節　「不器用さの様相」を示す児童生徒

　不器用さの様相を示す児童生徒の名称については，微細脳障害，不器用児症候群，運動学習困難児など，過去には様々な名称で呼ばれてきた。欧米では「dyspraxia」という用語を用いることも多いが，発達性協調運動障害（DCD）という用語が国際的に標準となりつつある。国外ではDCDの研究は盛んに行われている。たとえば，身体的不器用さの介入指導として Ayres（1972）によって提唱された感覚統合訓練を用いた研究である。この研究では，発達段階を神経系の階層性に対応させ，高度な知的活動に関係する大脳皮質を発達させるために，感覚刺激を与えることによって皮質下の発達を促すことが重要であると想定している。特に平衡機能や姿勢の確立にとって重要な働きをする前庭機能を高めるために，視聴覚や触覚，運動感覚との感覚統合を図る活動を行ったものである（増田，2002）。

　運動面の困難さは周囲に理解されにくいことが多く，本人にはかなりのストレスになっていることが多い。まわりからのいじめやからかいの対象になることもある（松原，2012）。中学1年生を対象に，土井・高島（2008）が行った不器用意識の質問紙調査からは，不器用意識を抱く児童生徒は自尊感情が低いことが明確となった。

　では，学校現場ではどのような授業展開の実践が奨励されているのだろうか。それは，全都道府県・政令指定都市の教育センターがWebサイト上で公開している指導案を見ることで把握できると考えられる。

第4節　不器用さの様相を示す児童生徒に対しての授業指導案の分析方法

　模範的な指導法という観点から，全都道府県・政令指定都市の58教育センターがWeb上に公開している特別支援学校・特別支援学級の指導案の中から，不器用さの様相に関する記載があるものを抽出し，その指導案の共通点を見出し，不器用さの様相を示す児童生徒に対する指導の原則を導き出すこととした。不器用さの様相の抽出基準としては，DSM-5の「発達性協調運動症／発達性協調運動障害（DCD）」の診断基準を採用した。そして，抽出した指導案の共通点を見出し，不器用さの様相を示す児童生徒に対しての指導法の原則をまとめることとした。

　なお，本稿では2020年5月時点でダウンロード可能な指導案のみを紹介する。それ以外の指導案については原典となる田中ら（2016）を参照されたい。文中のNo.はその論文中で扱った事例に該当する。

第5節　不器用さの様相に関する記載があった指導案の実際

　全都道府県・政令指定都市の教育センターにて，Webサイトで指導案の事例を公開しているのは58センター中26センターである（森・友寄・田中，2014）。その中で，特別支援学校，特別支援学級の指導案を公開しているのは13センターであった。13センターで公開されていた特別支援学校，特別支援学級の指導案数の合計は524件であった。そのうち，不器用さの様相に関する記載があった指導案が公開されていたのは9センターであり，その指導案の合計は474件，不器用さの様相に関する指導案の合計は35件であった。

　抽出した指導案35件を教科領域別にみると，自立活動が11件（31.4%）で最も多く，生活単元学習が7件（20.0%），体育と国語が各5件（14.3%），算数が3件（8.6%），作業学習が2件（5.7%），流通・サービスと図画工作が各1件（2.9%）であった。

■1 自立活動

　自立活動の授業では，粗大運動から微細運動へ，眼球運動から文字の読み書きへと移行させていくという流れの授業が見られた。児童生徒それぞれに必要な感覚や身体を動かす力など運動能力を高めるような授業展開をしているものや，それぞれの活動が円滑に進められるように支援の工夫がされているものなどがあった。

　たとえば，力の配分を考えて身体を動かすことが苦手なため，バランスを要する運動や指先の細やかな動きに不器用さの様相を示し，また視機能や身体の協応能力に課題がある児童に対して，視機能訓練士と連携しながら指導の工夫をしているものがある。ボール運びや片足立ち，プチプチの指先つぶしや追視（追従性・跳躍性・寄り目）と注視の訓練を行っているものもあった。これらは時間を計測することで活動意欲を高めていた。次に，手と目の協応や眼球運動の訓練として，ワークシートやチェックシートを用いながら，曲線書き（2分間），線引き（点つなぎ（点の数15）），ナンバータッチ（カタカナ・数字）を行い，これらの活動後に，拗音や促音の学習，そして漢字パズルなどを使用して漢字の指導に入るというような流れで授業が展開されているものもあった。

■2 生活単元学習

　生活単元学習では，季節単元や行事単元などがあり，これらの活動の中で手指を使う活動を取り入れているものが多い（表11-1）。

　No.12「秋を見つけよう！」では，虫の鳴き声や木の葉の色などから季節の移り変わりに気づかせながら，秋を探しに地域を探検したり，絵本を読んだり，秋の歌を歌ったり，おもちゃを作ったり，収穫したりする。国語科，音楽科，図画工作科，自立活動などの内容を盛り込みながら自然に親しんだ生活の創造をねらっている。この授業にははさみの使用が含まれており，「切る場所や糊をつける場所に印をつける」といった工夫がされている。はさみの使用は不器用さの様相をよく反映するものであり，多くの教師がすぐに気づくことでもあろう。はさみの使い方の困難といっても，「持つこと自体が難しい」「はさみで切るのが難しい」「はさみを開くのが難しい」「まっすぐに切れない」「曲線を切れない」「止めることができない」「両手を同時に動かすことが難しい」「動

表 11-1　生活単元学習に関する不器用さの様相を示す指導案

	単元名	秋を見つけよう！		
12	URL	http://www.hiroshima-c.ed.jp/web/an/syou/syou-e-1501.pdf		
	センター	広島県	不器用さ	・線を意識しているが手首が寝てしまうのではさみが斜めに倒れてしまって紙を切るのが難しい。糊付けは場所を示すが難しい。 ・指の力加減の調節が難しく，はさみが寝てしまうので曲線を切るのが難しい。
	発表年	2003		
	学部	小		
	学年			
	対象			
	教科・領域	生活単元学習	指導	・教師が支援しながら一緒に切る。 ・切る場所や糊をつける場所に印をつける。
16	単元名	体育交流会へ行こう		
	URL	http://www.hiroshima-c.ed.jp/web/an/syou/h24_kouki_25.pdf		
	センター	広島県	不器用さ	・文字の大きさを調整することが難しく，画数が多いと枠からはみ出ることがある。
	発表年	2012		
	学部	中		
	学年	2〜3	指導	・書く場面では，個の実態に応じた支援シートを準備する。
	対象	知的障害		
	教科・領域	生活単元学習		

かし方をイメージできない」など様々な状態に分かれるため，状態に応じた指導・介入が必要である。この事例では，「切る場所や糊をつける場所に印をつける」ことで，正確性を高めていた。

　No.16「体育交流会へ行こう」では，体育交流会（卓球）のスケジュールをもとに交流会までの学習に見通しをもって学習計画を立て，役割を分担し，個々が自分の役割を果たすようにしている。個の実態に合った役割をもち，適切な支援により，達成感と意欲を高めようとするものである。文字を書く場面で不器用の様相を呈した生徒には，個の実態に応じた支援シートを準備していた。

3 体育科

　体育科では，すべての指導案が，運動能力の向上を図るものであり，身体の使い方などを教師が良い例，悪い例を見せながら児童生徒たちに説明していた（表11-2）。No.21で題材としているバスケットボールは，手だけでボールを扱い，チームメイトと協力して相手をかわしながら得点を競うことが楽しい運動である。相手をかわしてうまくボールを運べたときや，シュートが得点につな

表11-2　体育科に関する不器用さの様相を示す指導案

	単元名	バスケットボール		
	URL	http://search.ishikawa-c.ed.jp/data/sidouan/H22/H220032.pdf		
21	センター	石川県	不器用さ	・運動経験が少なく，身体の動かし方にぎこちなさがある。
	発表年	2011		
	学部	中		・身体バランスが悪く，動きにぎこちなさがある。
	学年	1	指導	・シュートしやすいように，ボードに印を貼り，ねらう場所を確認する。
	対象	知的障害		・印をねらってシュートした場合と，そうでない場合の違いがわかるように教師が説明しながら手本を見せる。
	教科・領域	体育		
	単元名	風船バレーボール		
	URL	http://www.edu.pref.kagoshima.jp/curriculum/sidouan/fuzokuyougo/H22/H22chu.pdf		
22	センター	鹿児島県	不器用さ	・風船を打つために移動して打つというようなことができない。
	発表年	2011		
	学部	中		・風船を打つことはできるが，ボールを注視せず，正確な位置へ打ち返すことが難しい。
	学年			
	対象	知的障害	指導	・前時に床でボールを転がし，ラケットを使って打つという目と手の協応運動の技術を高めた。
	教科・領域	体育		・教師が言葉での指示や指差し，身体ガイダンスの支援を徐々に減らす。
				・めあてボード板の使用。
	単元名	ティーボール		
	URL	http://www.cabinet-cbc.ed.jp/youse/kenkyuu25/tyuuhokenntaiiku.pdf		
23	センター	千葉市	不器用さ	・ボールを遠くへ投げることはできるが，方向が定まらない。
	発表年	2013		
	学部	中		
	学年	1～3	指導	・投げ方や取り方の確認をする。
	対象	知的障害		・キャッチボールをする際，ボールを見ることを意識できるように言葉をかける。（近い距離と遠い距離）
	教科・領域	体育		

がったとき，チームが勝ったときに特に楽しさを感じることができる。動きにぎこちなさがある生徒のために，シュートしやすいようにバックボードに印を貼り，ねらう場所を確認するといった工夫がされていた。これは No.12 とも共通する指導観である。

　No.22 で扱う風船バレーボールは，大きくて柔らかいので当たっても痛みを感じることが少なく，生徒たちが積極的に風船に向かいやすい。また，通常のボールに比べて風船はゆっくり動くので，時間的余裕があり，ゲーム時の状況

判断が比較的しやすく，生徒同士のパスがつながりやすい。さらに，空中を移動する風船を打つには，打つ際の適度な力加減と打つ方向といった調整力が必要とされるので運動技能向上を図ることができるものである。ボールを注視して正確な位置へ打ち返すことが難しい生徒に対し，めあてボード板の使用をするなどしていた。

No.23のティーボールは，野球やソフトボールとは違い，バッターがバッティングティー上の止まっているボールを打つスポーツである。攻守の切り替えがわかりやすく，ボールが止まっているため，自分のタイミングで打つことができる。ボールを遠くへ投げる際に方向が定まらない生徒に対し，ボールを見ることを意識できるように言葉をかけ，近い距離と遠い距離とで投げ方を分ける工夫をしていた。

④ 国語科

国語科では，それぞれの指導案で，ワークシートの工夫など様々な支援や配慮がなされていた（表11-3）。No.24の授業では，楽しかった「げんきキャンプ」を振り返り，自分が一番楽しかったことを文章で表し，友達に伝えるというものである。文章の字を飛ばして読んでしまう児童に対し，マーカーで印をつけておくという典型的な介入をしていた。No.27の「絵を見て話をしよう」では，絵の状況を説明する活動を通して，主語＋述語の関係性を知り，二語文や三語文で話をしたり，単語カードを組み合わせて文を作ったり，書いたりすることをねらいとしている。

国語科のその他の指導案においては，話したり書いたりする際，単語の順番を間違え，文字を抜かしてしまう生徒に対して，単語の字数と同じマスの数のワークシートを作成し，間違ったときに，自分で気づくことができるような工夫や，声に出しながら単語を書かせるというような工夫がされていた。また，教師が範読をし，児童生徒が読む箇所に蛍光ペンで線を引くことで他の部分と区別する視覚的支援がなされているものもあった。書くことに苦手意識がある生徒に対しては，教師と一緒に文を読んだり，一人でなぞり書きをしたりできるように支援していた。

表11-3　国語科に関する不器用さの様相を示す指導案

	単元名			げんきキャンプをふりかえって発表しよう	
24	URL			http://www.cabinet-cbc.ed.jp/youse/kenkyuu25/syoukokugo3.pdf	
	センター	千葉市	不器用さ	・文章の字を飛ばして読んでしまうことがある。	
	発表年	2013			
	学部	小			
	学年		指導	・文字を飛ばさないで読めるように，マーカーで印をつけておくようにする。	
	対象	知的障害			
	教科・領域	国語			
27	単元名			絵を見て話をしよう	
	URL			http://www.edu.pref.kagoshima.jp/curriculum/sidouan/fuzokuyougo/h24/tyuutoubu.pdf	
	センター	鹿児島県	不器用さ	・書くことに苦手意識があり，鏡文字になったり，へんとつくりを別々の文字と捉えて書くことがある。	
	発表年	2013			
	学部	中			
	学年	2～3	指導	・複数の文を読んで絵の状況に合った文を選んだり，絵を見て絵の状況を主語＋述語からなる文で書いたりするという課題を出し，理解に時間を要する場合は，教師と一緒に文を読んだり，一人でなぞり書きで書いたりできるように支援する。	
	対象				
	教科・領域	国語			

5 算数科・数学科，作業学習

　算数科・数学科の授業では，手先が不器用な子どもがコンパスを使用する場合，工作板を使うことで中心がずれないようにしたり，開閉が固めのコンパスを用意したりするというような教材教具の工夫がされていた。

　作業学習は，補助具を使用し生徒たちの活動がスムーズにいくような支援をしていた。ある授業では，長さを測らせる基礎作業をする際，定規を使うことが困難な子どもに対して，定規の代わりに分割部分に切り込みの入ったアクリル板などを使用していた。しかし最終的には，このような補助具なしでも作業ができるように指導していた。

6 その他の教科

　その他の教科として，流通・サービス科，図画工作科があった。どちらも，教師による手添えや言葉かけなどの支援がされていた。流通・サービスでは，基本的な働く力と専門的な知識・技能を身につけるという目標に沿って，環境

表11-4　図画工作科に関する不器用さの様相を示す指導案

35	単元名	ながいながい せんろをかこう 〜ローラー遊び〜		
	URL	http://www.kyoiku-kensyu.metro.tokyo.jp/08ojt/helpdesk/plans/toku/files/zuko_sho_1_plan01.pdf		
	センター	東京都	不器用さ	・体の動きにぎこちなさがあり，手の動きがなめらかではない。
	発表年	2013		
	学部	小		
	学年	1	指導	・体が大きく動きすぎてしまうときは，手元が見やすく手を動かしやすいように，椅子に座ったり，左手を軽く支えたりする。
	対象	自閉症		
	教科・領域	図画工作		

を整え，教師が言葉かけをすることで効率よく活動ができるような工夫がなされていた。

表11-4に示したNo.35の図画工作「ながいながい せんろをかこう 〜ローラー遊び〜」では，大きな紙にローラーを使って描く遊びを行うが，児童は経験の少なさや興味・関心の狭さから，自由な造形遊びの中で自ら素材に関わったり，工夫して遊んだりすることは難しい。そこで，様々な素材や簡単なテーマ設定での造形遊びの経験を広げること，また材料・用具の扱い方や簡単な手順を示すことで，ルールや方法を覚えることを大切にして課題を設定している。体の動きにぎこちなさがあり，手の動きがなめらかではない児童に対して，手元が見やすく手を動かしやすいように，椅子に座ったり，左手を軽く支えたりする工夫をしていた。

公開されている指導案では，教科によって様々な指導法を用いており，児童生徒に応じた支援の工夫が見られた。不器用さの様相を示す児童生徒に対して，体育科では力加減と方向といった調整力などの運動能力を高められるような工夫がされているものが多く，その他の教科でも授業展開の中で，児童生徒の実態に合わせて様々な支援の工夫がなされていた。

第6節　共通点から見出せる，不器用さの様相を示す児童生徒に対しての指導の原則

不器用さの様相に関する記載事項があった指導案35件をもとに，共通点を

表11-5　不器用さの様相を示す児童生徒に対しての指導の原則

⑴ 全体学習と個別学習に分けて授業を展開する。
⑵ ワークシートの工夫をする。
⑶ 視覚的支援をする。
⑷ 見本や完成型を見せる。
⑸ 補助具の工夫をする。
⑹ 自分の身体への理解が深まる工夫をする。
⑺ 粗大運動・微細運動・眼球運動・感覚運動を養う訓練を行う。
⑻ 教師による手添えや言葉かけをする。

あげ，不器用さの様相を示す児童生徒に対しての指導法の原則を見出した。35件の指導案で，不器用な児童生徒に対する指導・支援で多く指導案に共通して行われていたと判断される事項は，表11-5に示した8点であった。

⑴は，個人目標を設定して個に応じた授業づくりを行うことである。同じ単元でも児童生徒一人ひとり目標が異なるため，導入の時間は全体で行い，展開の部分は個別に行う。不器用さの様相を示す児童生徒に対しては，前述したように学習指導要領をもとに身体の動きに関するものも取り入れ目標を設定することが必要である。そして，児童生徒に合ったワークシートを個別に作成し，設問の出題の仕方や解答欄の大きさなどを工夫し，解答の時間を確保することが重要と考えられる。焦ることなく，時間内に解くことができれば自信にもつながるだろう。

　このような，個別のワークシートを作成することは，⑵に関連するものである。前述したような，単語の字数とマス目の数を合わせることもその一つだが，他にも，児童生徒の実態に合わせてマス目を大きくする，行間を広くするなどの工夫もあった。また，ワークシートは見通しがもてるようにわかりやすいものを作成することが重要である。自分自身でワークシートを書き上げることで達成感を味わうことができ，自信がつくことで自己肯定感が高まるのである。

　⑶は児童生徒がイメージしやすいように写真や図を拡大して掲示することや，はさみで切るところに線を引くなどの配慮である。体育ではバスケットボールの授業でゴールをねらう際，ボールを当てる場所をわかりやすくするためバックボードに印をつけたり，国語の授業で，音読する場所に蛍光ペンで線

を引いて他の部分と区別したりすることで読みやすくしている工夫が見られた。

　(4)のように見本を見せることも視覚的支援の一つであると考えられる。教師が完成形を見せたり，教師や児童生徒が見本を見せたりすることで活動に取り組みやすくなると考えられる。この活動で，見本となる児童生徒は自信も得られ，他の児童生徒の「次は自分が見本になりたい」という意欲喚起にもつながることが期待できる。不器用さの様相を示す児童生徒は，簡単な動作でもやり方や方法がわからないということが考えられる。そのため，教師が丁寧にわかりやすく教えることで，様々な動作を獲得することができると考えられる。

　(5)は，作業学習で多く見られたが，他の教科でも漢字パズルを製作しているものがあった。現在は，情報機器の普及によりPCやタブレットなどを補助具として活用している学校も多い。川村（2010）は，情報機器は知的障害のある児童生徒に対して有効であると考え，積極的に授業に活用しようと思っている教員が多いと述べている。

　(6)は，授業の導入の時間などを使い補強運動を取り入れることで，自分の身体（指や腕，足）がどのように動くのかを知ることができると考えられる。このような活動は，体育の授業で実践されていたが，指先の運動などは自立活動や生活単元学習，主要教科などの導入部分でも取り入れることができるだろう。指先の運動などを毎回繰り返し取り入れることで，ボディーイメージをしやすくなり身体感覚を身につけられる。自分の身体の動きを知ることは，どのように動かせばよいのかを自分で考えるきっかけにもつながるだろう。授業の中でその時間を確保することは重要である。

　(7)の粗大運動・微細運動・眼球運動・感覚運動を養う訓練では，ボール運び，片足立ち，曲線書き，線引き，追視，注視，バランスボール，平均台等の活動が行われていた。それらを児童生徒の実態に応じて取り入れることで，それぞれの能力の向上が図れると考えられる。机上でできる活動は，(6)と同様，導入部分に取り入れることで，頭のトレーニングにもなる。また，タイムを計り表に記入するなどの工夫をすることで意欲喚起にもなる。Langaas et al.（1998）は，DCDにおける読み書き学習への影響要因の一つに眼球運動の問題があるとしていることから，眼球運動の訓練は効果があると言えるだろう。

　(8)の教師による手添えや言葉かけは，(1)から(7)の活動に共通して行われて

いたことである。教師が手添えをし，一緒にやることで感覚をつかみ，指の使い方などを理解できるように支援していた。言葉かけは，児童生徒に応じて毎回同じようなものに統一したり，「〜すれば，〜ができる」というような動作と連動できるようなものにしたりすることで，パターン化により児童生徒自身が主体的に考えて行動することにつながる。手添えも言葉かけも，児童生徒の様子を見ながら，すぐに支援するのではなく，児童生徒自身が自ら考える時間をとることが重要である。

第7節　おわりに

　上述した8点の原則以外にも大前提として考慮すべき点がある。それは，児童生徒同士が教材の工夫やできたものや感想を共有する場の設定，自己評価・相互評価等を行うことである。みんなの前で発表し拍手をもらうことは自信となり，自己肯定感へつながる。また，自分で何ができて何ができなかったかを考えることは，自己分析となり次につなげることができる。そして，友達同士で評価し合うことは，新たな気づきができる場になるのではないだろうか。このようなことを踏まえ，教師は授業展開の工夫をしていくことが重要であろう。

　こうした支援方法の源流は，ヴィゴツキーの提唱した発達の最近接領域（ZPD）にある。子どもが一人でできる限界と，教師ら外部の援助があれば成し遂げられることの境界のことである。大人や教師，時には上手にできる子どもらの力を借りることで，自分一人では到達できない発達領域に達することが可能になる。子どもに対する指導においては，子どもの現時点の能力にのみ合わせて行うのではなく，発達しつつある段階，これから発達するであろう段階を水準として行うことが好ましい。

　教育現場では今後，知的障害，発達障害と同様にDCDへの理解をより深めるためにも，学校全体の支援体制を構築させる必要がある。また，幅広い多くの情報と指導・支援法をもち合わせる教員の養成のためにも，「不器用さの様相を示す児童生徒への指導・支援」という視点を取り入れた研修の充実を図り，教員の専門性を高め，地域の専門機関と連携することがますます重要となるだろう。

引用文献

Ayres, A. J.（1972）. *Southern California sensory integration test*. Los Angeles: Western Psychological Services.

Davis, W. E., & van Emmerik, R. E. A.（1995）. An ecological task analysis approach for understanding motor development in mental retardation: Research questions and strategies. In A. Vermeer & W. E. Davis（Eds.）. *Physical and motor development in persons with mental retardation*. Karger, 1-32.

土井康作・高島清隆（2008）. 中学生の器用・不器用意識と作業パフォーマンス及び自尊感情との関係. 産業教育学研究, *38*, 43-48.

川村弘之（2010）. 知的障害のある子どもへの情報機器を用いた指導に関する研究. 日本教育情報学会年会論文集, *26*, 250-253.

香野毅（2010）. 発達障害児の姿勢や身体の動きに関する研究動向. 特殊教育学研究, *48*, 43-53.

Langaas, T., Mon-Williams, M., Wann, P., Pascal, E., & Thompson, C.（1998）. Eye movements prematurity and developmental co-ordination disorder. *Vision Research, 38*, 1817-1826.

増田貴人（2002）. 身体的不器用さを示す子どもへの介入指導とその課題：介入指導方略の違い. 幼年教育研究年報, *24*, 57-62.

松原豊（2012）. 知的障害児における発達性協調運動障害の研究：運動発達チェックリストを用いたアセスメント. こども教育宝仙大学紀要, *3*, 45-54.

森浩平・友寄未沙紀・田中敦士（2014）. 教育センターにおける特別支援教育に関する情報提供の実態と課題：Web サイトでの情報発信を通して. Asian Journal of Human Services, *7*, 135-148.

田中敦士・新本弘美・田仲未来・金城実菜美・森浩平・奥住秀之・増田貴人（2016）. 特別支援学校および特別支援学級で不器用を示す子どもに対する指導の原則：全都道府県・政令指定都市の教育センター Web サイトに公開されている指導案の分析から. 弘前大学教育学部紀要, *116*, 9-23.

おわりに

平田正吾

　かつて私が大学院の修士課程に入学したその日，特別支援教育専攻のガイダンスで國分充先生は『信州に上医あり』という岩波新書の，以下のような一節を引き，これは我々も同様で君たちの修士課程がそれにあたるとおっしゃった。「医者が一生の内に身に付ける知識の八割は卒業後の二年間で得られるものなのだ。多く得た者も少なく得た者も，八割という数字に変わりはない。なんでもないことのようだが，これは恐ろしい事実である」(南木，1994: 54-55)。今回，私は本書の担当章を執筆する中で，ここに至る自らの研究の源泉が，確かにその時期にあるように思われた。思い返すに，私が國分先生の研究室のルリヤの『人間の脳と心理過程』を勝手に初めて手にとったのもこの時期であるし，本書にご寄稿くださった先生方とよく交流するようになったのも，この頃からである。随分と久しぶりに今回，ルリヤを開いたが，その内容が自らの現在の思考内容を予告するものであることに，いささか驚きの念を禁じえなかった。

　私は卒業論文で，國分先生から「シールを貼ってみる」という課題（第2章）を与えられ（当初はやや困惑したが），それから博士論文に至るまで，先生にご指導していただいた。先生は，ともすれば大学で本ばかり読んでいる博士課程の私を窘め，「書斎派を脱せよ」とおっしゃり，知的障害のある方と共に過ごす中で，自らの研究を進めることの大切さを説いた。あのご指導がなければ，私はここまで曲りなりにも研究を続けることはできなかったと思う。だが，先生が研究に関して「こうせよ」とおっしゃることは滅多になかった。私がつくった課題や結果の解釈に対する不満ははっきりと示されるが，基本的には「君の研究だから」という態度であったと思う。ただ，その先生との問答を通して，どれだけのことを得ることができたのか，すでにあまりにも自らの一

部となっているがゆえに，私にはわからない。

　しかしながら，そうした中でも特に強く印象に残っているのは，私が「おぼん運び課題」（第2章）を自ら行ってみた際に，先生が報告している論文よりも，こぼした水の量が少ない結果が得られたときである。この結果について先生とやり取りする中で，「君のようなよく知らない大男からの指示では，相手も緊張するからではないか」というような意味合いの指摘がなされた（誤解を招かないようにあえて付言しておくが，これは純然たる学問的問答の中で，自ずと導きだされたことである）。実験者の身体的特徴や性格特徴が，測定に影響を及ぼす可能性や危険性は，標準的な心理測定法の教科書であれば，ほぼ取り上げられているであろうし（たとえば，南風原，2003），幼児や障害のある人々に測定を行ったことがある者であれば，皆知っていることであろう。しかし，そうした影響が実際に測定結果に影響を及ぼしているとして，正面から向き合える者は，あくまでも私の見るところではあるが，少ないのではないかと思う（私は同様の現象にこれ以外にも何度か遭遇したが，この点について実証的に検討したことは恥ずかしながらない。だが，こうした現象を誤差の一種として，無視し続けてよいのだろうか）。これに限らず，國分先生はこちらの前提を覆すようなご指摘をよくなされた。あの密なやり取りの時間を思うと，確かにかけがえのない「恐ろしい」日々であった。

　それにしても，先生はなぜあのようなことを指摘されたのだろう。それは，先生がかつて一緒に測定を行った方々から伝え聞くに，若かりし先生が意外なことに特定の子どもには怖がられ，データをなかなか取ることができなかったことが関係しているのではないだろうか。あまたある國分先生の逸話の中でも，私はこの話が好きである。なぜなら，人と人の間でなされる生きた心理学の姿が，ここにあるように思うからである。私が大学に入学した頃，特別支援教育は障害児教育と，准教授は助教授と呼ばれていた。あれから時は流れ，教職大学院や3つのポリシー，アクティブラーニングなど，駆け出しの大学教員である私からしても目新しかった言葉は，新たな常識となった。しかしながら，國分先生がお示ししてくださった学問の有り様を思うに，障害児心理学についての教育の本質はこれまでもこれからも不変であろうと私は信じる。

　冒頭でも述べられているように，本書は國分充先生の東京学芸大学教授の

退職を期として企画された。本来こういったことを好まれない先生は，「死者，生者を走らす」ということでなければということで，出版にご同意してくださった。大変な状況のなか，ご寄稿してくださった執筆者の先生方に改めて御礼申し上げます。あくまでも形式上，最後となってしまったが，本書の出版を引き受けてくださった福村出版社長の宮下基幸氏に感謝いたします。「かつてソヴィエト心理学では……」という文言からはじまる企画書をお読みいただき，その意義を評価してくださったことで，どれほど励まされたかわかりません。また，吉澤あき様には，大変細やかな編集をしていただいた。

　多分に個人的な内容を含む後書きとなってしまったが，編者の特権としてお許しいただければ幸いである。ただ高次心理機能が，その成り立ちから個人的な性質をもちうるように（鹿島，2010），本書がこのような形で締めくくられるのも，当然不自然なことではないとも思うのである。

令和 2 年 5 月

引用文献

南風原朝和（2003）．心理実験の問題点とその対策．南風原朝和・市川伸一・下山晴彦（編），心理学研究法．放送大学教育振興会，151-162.
鹿島晴雄（2010）．高次脳機能障害の概念をめぐって．精神医学，*52*，945-949.
南木佳士（1994）．信州に上医あり：若月俊一と佐久病院．岩波書店.

索　引

人　名

ヴィゴツキー（Vigotsky, L. S.）　13-18,
　　20, 22-26, 28-29, 36-38, 76, 92, 94, 99-
　　101, 165
ヴェンゲル（Venger, L. A.）　105
カミロフ＝スミス（Karmiloff-Smith, A.）
　　26, 38
ギブソン（Gibson, J.）　24, 103
ザポロージェツ（Zaporozhets, A. V.）
　　24, 99, 104-105
セガン（Séguin, É.）　33, 57, 60
ソコロフ（Sokolov, E. N.）　101
ノーマン（Norman, D. A.）　147-148
パブロフ（Pavlov, I. P.）　20, 101
ピアジェ（Piaget, J.）　13, 94
ベルンシュタイン（Bernstein, N. A.）
　　40, 116, 146, 149
メシチェリャコフ（Meshcheryakov, A. I.）
　　99-100
ラタッシュ（Latash, M.）　36-37, 40, 52,
　　116
リシナ（Lisina, M. L.）　105-106
ルリヤ（Luria, A. R.）　3-5, 15-29, 42, 48,
　　76, 82, 99, 101, 149, 167
レオンチェフ（Leont'ev, A. N.）　104-105
ワイズマン（Vaizman, N. P.）　47

事　項

▶アルファベット
ESC 効果　39-42
MABC　33, 36, 115-116, 118, 144

▶あ行
足場かけ　94
アフォーダンス　5, 24-25
動きの不器用さ　123-126
運動機能　33, 36, 39, 47, 57-58, 62, 65, 112-
　　113, 115, 117-118, 147
運動協応性　123-124, 135
運動協調　145
運動の逆説性　47-48, 51-52

▶か行
学習性無力感　125
片足立ち　48-49, 51-52, 157, 164
課題志向型（task-oriented）アプローチ
　　127, 134
活動理論　105
環境依存症候群　24-25, 41
期待反応　106
協調運動　113-115, 117, 120, 144, 154
言語の行動調整機能　4, 48, 51, 76, 149
国語科（国語）　124, 156-157, 160-161, 163
心の道具（Tools of Mind）　22-23, 92-95

◆執筆者紹介（執筆順）

國分　充［はじめに，第1章］
編著者紹介参照。

平田正吾［第1章，第2章，第8章，おわりに］
編著者紹介参照。

奥住秀之（おくずみ・ひでゆき）［第3章］
東京学芸大学教育学部特別支援科学講座教授。東北大学大学院教育学研究科博士後期課程退学。博士（教育学）。専門領域は発達障害学，特別支援教育学。
主要論文：「発達障害児・者における運動と感覚の諸問題」（共著，『SNE ジャーナル』22(1)，7-21, 2016 年），「知的障害者の運動機能の制約とその支援」（『障害者問題研究』40(1)，10-17，2012 年），「知的障害者の運動行為の問題」（『発達障害研究』27(1)，13-19, 2005 年）

葉石光一（はいし・こういち）［第4章］
埼玉大学教育学部教授。東北大学大学院教育学研究科博士後期課程修了。博士（教育学）。専門領域は障害児心理学。
主要論文：「知的障害児・者の眼球運動機能と行動調整機能」（『発達障害研究』27(1)，20-27, 2005 年），Effects of age, intelligence and executive control function on saccadic reaction time in persons with intellectual disabilities（共著，*Research in Developmental Disabilities*，32(6), 2644-2650, 2011），Age-related change of the mean level and intraindividual variability of saccadic reaction time performance in persons with intellectual disabilities（共著，*Research in Developmental Disabilities*, 34(3), 968-975, 2013）

大井雄平（おおい・ゆうへい）［第5章］
常葉大学教育学部初等教育課程講師。東京学芸大学大学院連合学校教育学研究科修了。博士（教育学）。専門領域は実験心理学，特別支援教育。
主要論文：Visuospatial working memory in individuals with intellectual disabilities under simultaneous and sequential presentation（共著，*Journal of Special Education Research*, 7(1), 1-8, 2018），Spatial working memory encoding type modulates prefrontal cortical activity（共著，*Neuroreport*, 28(7), 391-396, 2017）

池田吉史（いけだ・よしふみ）［第6章］
上越教育大学大学院学校教育研究科准教授。東京学芸大学大学院連合学校教育学研究科修了。博士（教育学）。専門領域は認知心理学，障害心理学。
主要著書：「「困っている子ども」のアセスメントと校内支援システム」（髙橋智・加瀬進監修『現代の特別ニーズ教育』文理閣，116-124，2020 年），「知的発達障害の心理学研究」（北洋輔・平田正吾編著『発達障害の心理学：特別支援教育を支えるエビデンス』福村出版，42-56, 2019 年），「知的障害児の自己制御の支援」（森口佑介編著『自己制御の発達と支援』金子書房，66-77, 2018 年）

北島善夫（きたじま・よしお）［第7章］

千葉大学教育学部教授。東北大学大学院教育学研究科・博士課程後期3年の課程単位取得退学。博士（教育学）。専門領域は障害児心理学。

主要著書：『重症心身障害児の認知発達とその援助：生理心理学的アプローチの展開』（共著，北大路書房，1999年），『LD・ADHDとその親へのカウンセリング』（共編著，ぎょうせい，2004年），『教師と学生が知っておくべき特別支援教育』（共編著，北樹出版，2019年）

増田貴人（ますだ・たかひと）［第9章］

弘前大学教育学部准教授（特別支援教育）。広島大学大学院教育学研究科修了。博士（教育学）。専門領域は障害幼児教育，発達障害，気になる子どもの保育。

主要著書：『発達性協調運動障害［DCD］：不器用さのある子どもの理解と支援』（共編著，金子書房，2019年），『公認心理師のための基礎から学ぶ神経心理学：理論からアセスメント・介入の実践例まで』（分担執筆，ミネルヴァ書房，2019年），『社会とかかわって学ぶ：大学生が取り組んだ世代性と市民性のサービス・ラーニング実践』（共著，弘前大学出版会，2018年）

渋谷郁子（しぶや・いくこ）［第10章］

華頂短期大学幼児教育学科准教授。立命館大学大学院文学研究科博士課程修了。博士（文学）。専門領域は発達・臨床心理学，特別支援教育。

主要著書・論文：「乳幼児期のDCDの評価と支援の実際」（辻井正次・宮原資英監修『発達性協調運動障害［DCD］：不器用さのある子どもの理解と支援』金子書房，107-123，2019年），『あなたと生きる発達心理学：子どもの世界を発見する保育のおもしろさを求めて』（共編，ナカニシヤ出版，2019年），「就学前児のはさみ操作における把持パターンと運動パフォーマンスの特徴」（『特殊教育学研究』54(3)，169-178，2016年）

田中敦士（たなか・あつし）［第11章］

札幌学院大学人文学部人間科学科教授。東北大学大学院教育学研究科修了。修士（教育学）。専門領域は特別支援教育，職業リハビリテーション。

主要著書：「知的障害者を取り巻く心理社会的課題」（野島一彦・繁桝算男監修『公認心理師の基礎と実践13　障害者・障害児心理学』遠見書房，89-101，2020年），『思春期・青年期の発達障害者が「自分らしく生きる」ための支援』（共編著，金子書房，2013年），「就労に先立つジョブコーチング」（本郷一夫編『認知発達のアンバランスの発見とその支援』金子書房，205-226，2012年）

❖編著者紹介

國分　充（こくぶん・みつる）

東京学芸大学長。東北大学大学院教育学研究科・博士課程後期3年の課程単位取得退学。博士（教育学）。専門領域は障害児の心理学，心理学史。
主要著書・論文：『精神遅滞児・者のバランスの多要因的・多水準的解析』（風間書房，1994年），「ヴィゴツキーと知的障害研究」（『障害者問題研究』37(2), 127-134, 2009年），「ソビエト・ロシアの精神分析」（『精神医学史研究』22(1), 29-34, 2018年）

平田正吾（ひらた・しょうご）

千葉大学教育学部障害児教育講座准教授。東京学芸大学大学院連合学校教育学研究科修了。博士（教育学）。専門領域は障害児心理学，特に行動制御の発達とその障害。
主要著書・論文：『発達障害の心理学：特別支援教育を支えるエビデンス』（共編著，福村出版，2019年），『発達性協調運動障害［DCD］：不器用さのある子どもの理解と支援』（分担執筆，金子書房，2019年），「知的障害児と自閉スペクトラム症児における運動機能についての研究動向：発達性協調運動障害との関連とMABC-2による評価」（『特殊教育学研究』56(4), 241-249, 2018年）

知的障害・発達障害における「行為」の心理学
ソヴィエト心理学の視座と特別支援教育

2020年11月15日　初版第1刷発行

編著者　　國分　充・平田正吾
発行者　　宮下基幸
発行所　　福村出版株式会社
　　　　　〒113-0034　東京都文京区湯島2-14-11
　　　　　電話 03-5812-9702　FAX 03-5812-9705
　　　　　https://www.fukumura.co.jp
印　刷　　株式会社文化カラー印刷
製　本　　協栄製本株式会社